Roland Vollmer

Wildschäden

in der Landwirtschaft

Inhaltsverzeichnis

Vorwort

Der Begriff Wildschaden findet in den letzten Jahren immer häufiger Verwendung. Der Kreis der Beteiligten bei einem Wildschadensfall ist bundesweit nahezu identisch. Auf der einen Seite befindet sich in der Regel ein Landwirt (Geschädigter), dessen Kulturen geschädigt wurden, auf der anderen Seite in der Regel der Jagdpächter (Ersatzpflichtiger), dem die Entschädigungspflicht der Jagdgenossenschaft per Jagdpachtvertrag übertragen wurde. Dazwischen stehen die zuständigen Kommunen und im Extremfall die Gerichte.

Dabei sind die mit dem Wildschaden aufkommenden Empfindungen bei den Beteiligten ganz unterschiedlicher Natur. Der Geschädigte sieht sich durch den vom Wild verursachten Schaden um einen Teil seines Einkommens gebracht. Der Ersatzpflichtige befürchtet das Entstehen von Zahlungsverpflichtungen.

Für Kommunen und Gerichte ist der Begriff Wildschaden mit Herausforderungen verbunden, da oftmals die zur Beurteilung nötige Fachkenntnis fehlt.

Dieses Buch soll allen Beteiligten helfen, dem Begriff seine Emotionalität zu nehmen und als Anregung für eine sachliche Abwicklung von Wildschäden dienen.

Dabei sind die bundes- und länderspezifischen Gesetzesgrundlagen für Nichtjuristen verständlich dargestellt und das Vorgehen bei der Bewertung des Schadens und der daraus resultierenden Schadenshöhe erklärt. Bei jedem Wildschaden handelt es sich um einen Einzelfall, deshalb ist es nicht möglich, allgemeingültige Schemata zur Berechnung der Schadenshöhe zu erstellen. Vielmehr werden die einzelnen Schritte der Wildschadensregulierung beschrieben und die individuelle Bewertung aufgezeigt.

Dieses Buch soll allen Beteiligten als Grundlage für die einvernehmliche Lösung der Wildschadenproblematik dienen.

Roland Wilhelm Vollmer, im Sommer 2016

Einleitung

Alles um uns herum unterliegt einem ständigen Wandel. Jede Veränderung hat Konsequenzen zur Folge, die im Voraus nicht immer absehbar sind. Viele Veränderungen in der Landwirtschaft und der Nutzung von Wald und Flur als Naherholungsraum führt zu nachhaltigen Änderungen der Lebensräume unserer heimischen Flora und Fauna. Hierzu einige Beispiele:

- Feld- und Wirtschaftswege wurden breiter und mit einer festen Tragschicht versehen
  Folgen: Die Wege sind jetzt mit den großen und schweren landwirtschaftlichen Maschinen befahrbar. Der Mensch erhält neue Flächen zur Naherholung (Wandern, Nordic Walking, Radfahren, etc.). Im Gegenzug entfallen die unebenen Feldwege, in denen Rebhuhn und Wachtel ihr Sandbad nehmen konnten ebenso wie die Wegränder mit der Vielfalt an Wildblumen und -kräutern, die als Insektenweide dienten.

- Negative Preisentwicklung von Agrarprodukten.
  Folgen: Die Landwirtschaft wird gezwungen, mit größeren Maschinen auf größeren Flächen zu arbeiten. Dies führt speziell beim Mais zwangsläufig zum Anstieg der Wildschweinpopulation, Erschwernissen bei der Bejagung und in Folge zu Wildschäden.

Vor dem Hintergrund der negativen Einkommensentwicklung in der Landwirtschaft ist es durchaus verständlich, dass größere landwirtschaftliche Betriebe Wildschäden geltend machen, da hier ein Teil ihres Einkommens auf dem Spiel steht.

Umgekehrt sieht logischerweise der Ersatzpflichtige die Gefahr unkalkulierbarer finanzieller Risiken auf sich zukommen. Die Konsequenz daraus führt wiederum zu einem sinkenden Interesse an der Übernahme eines Pachtrevieres.

Seitens der Verwaltung und Politik werden ebenfalls in regelmäßigen Abständen die Gepflogenheiten im Umgang mit Jagd und Wildschäden Veränderungen unterworfen, die dann auch Revierpächter und Mitglieder der Jagdgenossenschaften zum Umdenken zwingen.

Alles in Allem ergibt sich beim Thema Wildschaden ein nicht endendes Perpetuum mobile der Veränderungen.

1 Gesetzliche Grundlagen

Die Grundlagen zur Ausübung der Jagd und damit auch zur Regelung von Wildschäden finden sich im Bundesjagdgesetz. Die zum Thema Wildschäden wesentlichen Teile des Bundesjagdgesetzes sind im Folgenden wiedergegeben.

1.1 Bundesjagdgesetz

Bundesjagdgesetz in der Fassung der Bekanntmachung vom 29. September 1976 (BGBl. I S. 2849), das zuletzt durch Artikel 1 des Gesetzes vom 29. Mai 2013 (BGBl. I S. 1386) geändert worden ist.

1.1.1 Definition Jagdrecht und jagdbare Tierarten

§ 1 Inhalt des Jagdrechts

(1) Das Jagdrecht ist die ausschließliche Befugnis, auf einem bestimmten Gebiet wildlebende Tiere, die dem Jagdrecht unterliegen, (Wild) zu hegen, auf sie die Jagd auszuüben und sie sich anzueignen. Mit dem Jagdrecht ist die Pflicht zur Hege verbunden.

(2) Die Hege hat zum Ziel die Erhaltung eines den landschaftlichen und landeskulturellen Verhältnissen angepassten artenreichen und gesunden Wildbestandes sowie die Pflege und Sicherung seiner Lebensgrundlagen; auf Grund anderer Vorschriften bestehende gleichartige Verpflichtungen bleiben unberührt.

Die Hege muss so durchgeführt werden, dass Beeinträchtigungen einer ordnungsgemäßen land-, forst- und fischereiwirtschaftlichen Nutzung, insbesondere Wildschäden, möglichst vermieden werden.

(3) Bei der Ausübung der Jagd sind die allgemein anerkannten Grundsätze deutscher Weidgerechtigkeit zu beachten.

(4) Die Jagdausübung erstreckt sich auf das Aufsuchen, Nachstellen, Erlegen und Fangen von Wild.

(5) Das Recht zur Aneignung von Wild umfasst auch die ausschließliche Befugnis, krankes oder verendetes Wild, Fallwild und Abwurfstangen sowie die Eier von Federwild sich anzueignen.

(6) Das Jagdrecht unterliegt den Beschränkungen dieses Gesetzes und der in seinem Rahmen ergangenen landesrechtlichen Vorschriften.

§ 2 Tierarten

Tierarten, die dem Jagdrecht unterliegen, sind:

1. Haarwild:

Wisent (*Bison bonasus L.*),
Elchwild (*Alces alces L.*),
Rotwild (*Cervus elaphus L.*),
Damwild (*Dama dama L.*),

Sikawild (*Cervus nippon* Temminck),
Rehwild (*Capreolus capreolus L.*),
Gamswild (*Rupicapra rupicapra L.*),
Steinwild (*Capra ibex L.*),
Muffelwild (*Ovis ammon musimon* Pallas),
Schwarzwild (*Sus scrofa L.*),
Feldhase (*Lepus europaeus* Pallas),
Schneehase (*Lepus timidus L.*),
Wildkaninchen (*Oryctolagus cuniculus L.*),
Murmeltier (*Marmota marmota L.*),
Wildkatze (*Felis silvestris* Schreber),
Luchs (*Lynx lynx L.*),
Fuchs (*Vulpes vulpes L.*),
Steinmarder (*Martes foina* Erxleben),
Baummarder (*Martes martes L.*),
Iltis (*Mustela putorius L.*),
Hermelin (*Mustela erminea L.*),
Mauswiesel (*Mustela nivalis L.*),
Dachs (*Meles meles L.*),
Fischotter (*Lutra lutra L.*),
Seehund (*Phoca vitulina L.*);

2. Federwild:
Rebhuhn (*Perdix perdix L.*),
Fasan (*Phasianus colchicus L.*),
Wachtel (*Coturnix coturnix L.*),
Auerwild (*Tetrao urogallus L.*),
Birkwild (*Lyrurus tetrix L.*),
Rackelwild (*Lyrus tetrix × Tetrao urogallus*),
Haselwild (*Tetrastes bonasia L.*),
Alpenschneehuhn (*Lagopus mutus* Montin),
Wildtruthuhn (*Meleagris gallopavo L.*),
Wildtauben (*Columbidae*),
Höckerschwan (*Cygnus olor* Gmel.),
Wildgänse (Gattungen *Anser* Brisson und *Branta* Scopoli),
Wildenten (*Anatinae*),
Säger (Gattung *Mergus L.*),
Waldschnepfe (*Scolopax rusticola L.*),
Bläßhuhn (*Fulica atra L.*),
Möwen (*Laridae*),
Haubentaucher (*Podiceps cristatus L.*),
Großtrappe (*Otis tarda L.*),
Graureiher (*Ardea cinerea L.*),
Greife (*Accipitridae*),
Falken (*Falconidae*),
Kolkrabe (*Corvus corax L.*).

Die Länder können weitere Tierarten bestimmen, die dem Jagdrecht unterliegen.
Zum Schalenwild gehören Wisente, Elch-, Rot-, Dam-, Sika-, Reh-, Gams-, Stein-, Muffel-und Schwarzwild.
Zum Hochwild gehören Schalenwild außer Rehwild, ferner Auerwild, Steinadler und Seeadler. Alles übrige Wild gehört zum Niederwild.

Bereits in §1 Absatz 2 BJagdG ist ohne dies genauer zu benennen geregelt, dass Wildschaden vermieden werden soll. In Absatz 4 wird klar zum Ausdruck gebracht, was die Jagdausübung ausmacht und welche Tierarten generell der Jagd unterliegen, nämlich alle die Tierarten, die der Bezeichnung „Wild" oder „jagbare Wildarten" (§2, Absatz 1 BJagdG) unterliegen.

Ferner wird bereits in §1 Absatz 6 klar zum Ausdruck gebracht, dass es den einzelnen Bundesländern frei steht, eigene, engere Vorschriften zu erlassen.

In §2 Absatz 2 BJagdG wird den Ländern das Recht eingeräumt, über die in Absatz 1 angegebenen Tierarten hinaus weitere Tierarten per Länderrecht zu bestimmen.

1.1.2 Wildschaden

§26 Fernhalten des Wildes

Der Jagdausübungsberechtigte sowie der Eigentümer oder Nutzungsberechtigte eines Grundstückes sind berechtigt, zur Verhütung von Wildschäden das Wild von den Grundstücken abzuhalten oder zu verscheuchen. Der Jagdausübungsberechtigte darf dabei das Grundstück nicht beschädigen, der Eigentümer oder Nutzungsberechtigte darf das Wild weder gefährden noch verletzen.

§27 Verhinderung übermäßigen Wildschadens

(1) Die zuständige Behörde kann anordnen, dass der Jagdausübungsberechtigte unabhängig von den Schonzeiten innerhalb einer bestimmten Frist in bestimmtem Umfange den Wildbestand zu verringern hat, wenn dies mit Rücksicht auf das allgemeine Wohl, insbesondere auf die Interessen der Land-, Forst- und Fischereiwirtschaft und die Belange des Naturschutzes und der Landschaftspflege, notwendig ist.

(2) Kommt der Jagdausübungsberechtigte der Anordnung nicht nach, so kann die zuständige Behörde für dessen Rechnung den Wildbestand vermindern lassen. Das erlegte Wild ist gegen angemessenes Schussgeld dem Jagdausübungsberechtigten zu überlassen.

§ 29 Schadensersatzpflicht

(1) Wird ein Grundstück, das zu einem gemeinschaftlichen Jagdbezirk gehört oder einem gemeinschaftlichen Jagdbezirk angegliedert ist (§ 5 Abs. 1), durch Schalenwild, Wildkaninchen oder Fasanen beschädigt, so hat die Jagdgenossenschaft dem Geschädigten den Wildschaden zu ersetzen. Der aus der Genossenschaftskasse geleistete Ersatz ist von den einzelnen Jagdgenossen nach dem Verhältnis des Flächeninhalts ihrer beteiligten Grundstücke zu tragen. Hat der Jagdpächter den Ersatz des Wildschadens ganz oder teilweise übernommen, so trifft die Ersatzpflicht den Jagdpächter. Die Ersatzpflicht der Jagdgenossenschaft bleibt bestehen, soweit der Geschädigte Ersatz von dem Pächter nicht erlangen kann.

(2) Wildschaden an Grundstücken, die einem Eigenjagdbezirk angegliedert sind (§ 5 Abs. 1), hat der Eigentümer oder der Nutznießer des Eigenjagdbezirks zu ersetzen. Im Falle der Verpachtung haftet der Jagdpächter, wenn er sich im Pachtvertrag zum Ersatz des Wildschadens verpflichtet hat. In diesem Falle haftet der Eigentümer oder der Nutznießer nur, soweit der Geschädigte Ersatz von dem Pächter nicht erlangen kann.

(3) Bei Grundstücken, die zu einem Eigenjagdbezirk gehören, richtet sich, abgesehen von den Fällen des Absatzes 2, die Verpflichtung zum Ersatz von Wildschaden (Absatz 1) nach dem zwischen dem Geschädigten und dem Jagdausübungsberechtigten bestehenden Rechtsverhältnis. Sofern nichts Anderes bestimmt ist, ist der Jagdausübungsberechtigte ersatzpflichtig, wenn er durch unzulänglichen Abschuss den Schaden verschuldet hat.

(4) Die Länder können bestimmen, dass die Wildschadensersatzpflicht auch auf anderes Wild ausgedehnt wird und dass der Wildschadensbetrag für bestimmtes Wild durch Schaffung eines Wildschadensausgleichs auf eine Mehrheit von Beteiligten zu verteilen ist (Wildschadensausgleichskasse).

§ 31 Umfang der Ersatzpflicht

(1) Nach den §§ 29 und 30 ist auch der Wildschaden zu ersetzen, der an den getrennten, aber noch nicht eingeernteten Erzeugnissen eines Grundstücks eintritt.

(2) Werden Bodenerzeugnisse, deren voller Wert sich erst zur Zeit der Ernte bemessen lässt, vor diesem Zeitpunkt durch Wild beschädigt, so ist der Wildschaden in dem Umfang zu ersetzen, wie er sich zur Zeit der Ernte darstellt. Bei der Feststellung der Schadenshöhe ist jedoch zu berücksichtigen, ob der Schaden nach den Grundsätzen einer ordentlichen Wirtschaft durch Wiederanbau im gleichen Wirtschaftsjahr ausgeglichen werden kann.

§ 34 Geltendmachung des Schadens

Der Anspruch auf Ersatz von Wild- oder Jagdschaden erlischt, wenn der Berechtigte den Schadensfall nicht binnen einer Woche, nachdem er von dem Schaden Kenntnis erhalten hat oder bei Beobachtung gehöriger Sorgfalt erhalten hätte, bei der für das beschädigte Grundstück zuständigen Behörde anmeldet. Bei Schaden an forstwirtschaftlich genutzten Grundstücken genügt es, wenn er zweimal im Jahr, jeweils bis zum 1. Mai oder 1.Oktober, bei der zuständigen Behörde angemeldet wird. Die Anmeldung soll die als ersatzpflichtig in Anspruch genommene Person bezeichnen.

§ 35 Verfahren in Wild- und Jagdschadenssachen

Die Länder können in Wild- und Jagdschadenssachen das Beschreiten des ordentlichen Rechtsweges davon abhängig machen, dass zuvor ein Feststellungsverfahren vor einer Verwaltungsbehörde (Vorverfahren) stattfindet, in dem über den Anspruch eine vollstreckbare Verpflichtungserklärung (Anerkenntnis, Vergleich) aufzunehmen oder eine nach Eintritt der Rechtskraft vollstreckbare Entscheidung (Vorbescheid) zu erlassen ist.

Die Länder treffen die näheren Bestimmungen hierüber.

§ 26 BJagdG regelt, dass sowohl der Jagdausübungsberechtigte als auch der Eigentümer oder Nutzungsberechtigte das Wild von Grundstücken abzuhalten oder zu verscheuchen. Keine dieser Personengruppen ist jedoch zu einer entsprechenden Maßnahme verpflichtet.

In § 29 BJagdG ist geregelt, wer ersatzpflichtig ist und was zu entschädigen ist: Ersatzpflichtig ist die jeweilige Jagdgenossenschaft, wobei einschränkend erklärt wird, dass bei Übernahme des Wildschadensersatzes durch den Jagdpächter dieser auch die entsprechende Ersatzpflicht trägt. Ferner ist geregelt, wofür Ersatz zu leisten ist: für Schäden die von Schalenwild, Wildkaninchen oder Fasanen verursacht wurden. In §29 Absatz 4 wird ausdrücklich bestimmt, dass durch die Länder die Wildschadenersatzpflicht auf weitere Wildarten ausgeweitet werden kann und die Möglichkeit der Einrichtung einer Wildschadensausgleichskasse gegeben ist.

BJagdG §31 regelt, dass sich die Höhe des Schadensausgleichs nach der Schadenshöhe zum Zeitpunkt der Ernte richtet und geprüft werden muss, inwieweit durch Wiederanbau im gleichen Wirtschaftsjahr eine Schadensminderung im gleichen Wirtschaftsjahr möglich gewesen wäre.

Die Geltendmachung des Schadens nach §34 BJagdG obliegt eindeutig dem Ersatzberechtigten. Dieser hat den Schaden binnen einer Woche nach Kenntnisnahme bei der zuständigen Behörde zu melden (Ausschlussfrist). Deutlich wird darauf hingewiesen, dass diese Frist voraussetzt, dass regelmäßige Beobachtung gemäß gehöriger Sorgfalt stattgefunden haben muss. Sofern bekannt, soll der Ersatzpflichtige bei der Meldung benannt werden. Die Angabe weiterer Informationen, z. B: Schadensverursacher, Schadenshöhe, sind im BJagdG nicht gefordert. Das Prozedere für den Verfahrensablauf bei Wildschäden stellt das BJagdG in §35 den Ländern frei. Für die Praxis bedeutet dies, dass jedem Bundesland das Recht zusteht, in einem eigenen Landesjagdgesetz (LJagdG), eventuell ergänzt durch eine zugehörige Durchführungsverordnung (DVO), die Regulierung von Wildschäden unter Zugrundelegung des Bundesjagdgesetzes selbst zu gestalten. Dies insbesondere hinsichtlich der ersatzpflichtigen Wildarten und Kulturen, der Ersatzpflicht und der Systematik der Geltendmachung.

2 Landesjagdgesetze und Durchführungsverordnungen der Länder

Im Folgenden werden die einzelnen jagdlichen Regelungen der Bundesländer dargestellt, die wesentlichen Punkte herausgearbeitet, die Systematik der Schadensregulierung dargestellt und ein einfaches Ablaufschema über das korrekte Vorgehen bei der Geltendmachung von Wildschäden erstellt.

2.1 Baden-Württemberg

Jagd- und Wildtiermanagementgesetz vom 12. November 2014

§ 52 Fernhalten der Wildtiere

(1) Die jagdausübungsberechtigte Person sowie die Eigentümerin oder der Eigentümer oder die nutzungsberechtigte Person eines Grundstücks sind berechtigt, Wildtiere von den Grundstücken fernzuhalten oder zu verscheuchen, soweit dies zur Verhütung von Wildschäden erforderlich ist. Die Eigentümerin oder der Eigentümer und die nutzungsberechtigte Person eines Grundstücks haben nach Satz 1 erforderliche, vorübergehend vorgesehene Einrichtungen zur Fernhaltung von Wildtieren in zumutbarem Umfang zu dulden, soweit sie nach sonstigen Vorschriften zulässig sind.

(2) Die jagdausübungsberechtigte Person darf bei Maßnahmen im Sinne des Absatzes 1 die Grundstücke nicht beschädigen, die Eigentümerin oder der Eigentümer oder die nutzungsberechtigte Person darf die Wildtiere weder gefährden noch verletzen.

§ 53 Schadensersatzpflicht bei Wildschaden

(1) Wird ein Grundstück, das zu einem gemeinschaftlichen Jagdbezirk gehört oder einem gemeinschaftlichen Jagdbezirk angegliedert ist, durch Schalenwild oder Wildkaninchen beschädigt, so hat die Jagdgenossenschaft der geschädigten Person den Wildschaden zu ersetzen. Der aus dem Vermögen der Jagdgenossenschaft geleistete Ersatz ist von den einzelnen Mitgliedern der Jagdgenossenschaft nach dem Verhältnis des Flächeninhalts ihrer beteiligten Grundstücke zu tragen. Hat bei einer Jagdverpachtung die pachtende Person den Ersatz des Wildschadens ganz oder teilweise übernommen, so trifft die Ersatzpflicht die pachtende Person. Die Ersatzpflicht der Jagdgenossenschaft bleibt bestehen, soweit die geschädigte Person Ersatz von der pachtenden

Wildschadensberechnung		
Ablaufschema	Beispiel:	
Kultur und Schaden:	Körnermais, konventionelle Produktion / Kolbenfraß durch Wildschweine	
geschädigte Fläche:	m²	%
Teilfläche 1:	325	45
Teilfläche 2:	580	60
Teilfläche3:	420	30
Umrechnen in m² Schadensfläche mit Totalausfall:		
Teilfläche 1:	146,25	
Teilfläche 2:	348	
Teilfläche3:	126	
gesamte Schadensfläche mit 100% Schaden	620	
Ertrag in dt/ha *(Geschätzt, Probedrusch, Tabellenwerke. Region,Wuchsstärke des Ackers, etc. beachten)*	110	
Ertragsverlust in dt	6,82	
Erlös je dt *(Aktuelle Marktpreise über Landhandel und Vermarktungsorganisationen. Besondere Produktionsverfahren sind zu berücksichtigen: Demeter, Bioland, etc.)*	16,00 €	
Zu- und Abschläge *(Derartige Zu- und Abschläge können auftreten, sind aber nicht automatisch vorhanden. Es muss eine Einzelfallprüfung durchgeführt werden. Achtung: Zu beachten sind die verschiedenen Bemessungseinheiten. So werden Arbeitszeiten in €/h; Fördermaßnahmen in €/ha, Trocknungskosten in €/dt, etc. angegeben. Hier ist es notwendig, die einzelnen Faktoren auf eine Bezugsgröße umzurechnen.)*		
eingesparte Arbeit		
zusätzliche Arbeit		
eingesparte Trocknungskosten	1,30 €/dt	
eingesparte Transportkosten	0,05 €/dt	
anteilige Rückzahlung von Fördermaßnahmen		
Erlösausfall gesamt	109,12 €	
Zu-/Abschläge gesamt	-9,21 €	
Summe	99,91 €	
zuzgl. Ges. MwSt	10,69 €	10,70%
Schadenssumme	110,60 €	
(Über die Schadenssumme ist vom Geschädigten eine ordnungsgemäße Rechnung auszustellen. Zahlungsziel ist der Zeitpunkt, zu dem der Geschädigte den Erlös der Ernte erhält. Bei Sofortzahlung ist eine Abzinsung vorzunehmen.)		

Person nicht erlangen kann. Die Ansprüche der Jagdgenossenschaft gegen ihre Mitglieder werden nach § 15 Absatz 6 Satz 2 beigetrieben.

(2) Wildschaden durch Schalenwild oder Wildkaninchen an Grundstücken, die einem Eigenjagdbezirk angegliedert sind, hat die Eigentümerin oder der Eigentümer oder die nutznießende Person des Eigenjagdbezirks zu ersetzen. Bei Jagdverpachtung haftet die pachtende Person, wenn diese sich im Jagdpachtvertrag zum Ersatz des Wildschadens verpflichtet hat. In diesem Falle haftet die Eigentümerin oder der Eigentümer oder die nutznießende Person nur, soweit die geschädigte Person Ersatz von der pachtenden Person nicht erlangen kann.

(3) Bei Grundstücken, die zu einem Eigenjagdbezirk gehören, richtet sich, abgesehen von den Fällen des Absatzes 2, die Verpflichtung zum Ersatz von Wildschaden nach dem zwischen der geschädigten Person und der jagdausübungsberechtigten Person bestehenden Rechtsverhältnis. Sofern nichts Anderes bestimmt ist, ist die jagdausübungsberechtigte Person ersatzpflichtig, wenn sie durch unzulänglichen Abschuss den Schaden verschuldet hat.

(4) Wird durch ein aus einem Gehege ausgetretenes und dort gehegtes Stück Schalenwild Wildschaden angerichtet, so ist ausschließlich die Person zum Ersatz verpflichtet, der die Aufsicht über das Gehege obliegt.

(5) Wildschaden an Grundstücken, auf denen die Jagd nicht ausgeübt werden darf, wird nicht erstattet. Diese Grundstücke bleiben bei der Berechnung der anteiligen Ersatzleistung für den Wildschaden an anderen Grundstücken gemäß Absatz 1 Satz 2 außer Ansatz, soweit kein Fall des § 14 Absatz 6 vorliegt.

§ 54 Umfang der Ersatzpflicht bei Wildschaden

(1) Nach § 53 ist auch der Wildschaden zu ersetzen, der an den getrennten, aber noch nicht eingeernteten Erzeugnissen eines Grundstücks eintritt.

(2) Werden Bodenerzeugnisse, deren voller Wert sich erst zur Zeit der Ernte bemessen lässt, vor diesem Zeitpunkt durch Wildtiere beschädigt, so ist der Wildschaden in dem Umfang zu ersetzen, wie er sich zur Zeit der Ernte darstellt. Bei der Feststellung der Schadenshöhe ist jedoch zu berücksichtigen, ob der Schaden nach den Grundsätzen einer ordentlichen Wirtschaft durch Wiederanbau im gleichen Wirtschaftsjahr ausgeglichen werden kann.

(3) Wildschaden an Maiskulturen ist den geschädigten Personen nur zu 80 vom Hundert zu ersetzen, es sei denn, die geschädigte Person weist nach, dass sie die üblichen und allgemein zumutbaren Maßnahmen zur Abwehr von Wildschäden unternommen hat. § 55 Absatz 1 dieses Gesetzes und § 254 des Bürgerlichen Gesetzbuches bleiben unberührt.

§ 55 Schutzvorrichtungen gegen Wildschaden

(1) Ein Anspruch auf Ersatz von Wildschaden ist nicht gegeben, wenn die geschädigte Person die zur Abwehr von Wildschaden getroffenen Maßnahmen verhindert oder unwirksam macht.

(2) Gärten, Obstgärten, Baumschulen, Alleen, einzelnstehende Bäume sowie Forstkulturen anderer als der im Jagdbezirk vorkommenden Hauptholzarten und Freilandpflanzungen von Garten- oder hochwertigen Handelsgewächsen gelten als Sonderkulturen im Sinne dieses Gesetzes. Wildschaden, der an Sonderkulturen entsteht, wird nicht ersetzt, wenn die Herstellung üblicher Schutzvorrichtungen unterblieben ist, die unter gewöhnlichen Umständen zur Abwendung des Schadens ausreichen. Hauptholzarten sind diejenigen Baumarten, die im jeweiligen Jagdbezirk einen Flächenanteil von mindestens fünf vom Hundert im Ausgangsbestand aufweisen, es sei denn, es ist vertraglich etwas anderes bestimmt.

(3) Streuobstwiesen, die wie Grünland genutzt werden und auf denen regelmäßig weniger als 150 Obstbäume je Hektar stehen, sind keine Sonderkulturen im Sinne des Gesetzes. Nicht ersatzpflichtig sind Wühlschäden an Streuobstwiesen, wenn zum Schadenszeitpunkt das Fallobst nicht fachgerecht abgeerntet ist.

(4) Wildschäden an Weinbergen sind zu ersetzen, auch wenn Schutzvorrichtungen zur Abwendung des Schadens nicht errichtet sind.

§ 57 Geltendmachung des Schadens

(1) Der Anspruch auf Ersatz von Wild- oder Jagdschaden erlischt, wenn die geschädigte Person den Schadensfall nicht binnen einer Woche anmeldet, nachdem sie von dem Schaden Kenntnis erhalten hat oder bei Beachtung gehöriger Sorgfalt erhalten hätte. Anzumelden ist bei der Gemeinde, auf deren Gemarkung das beschädigte Grundstück liegt. Bei Schaden an forstwirtschaftlich genutzten Grundstücken genügt es, wenn der Schaden einmal jährlich bis zum 15. Mai angemeldet wird. Die Anmeldung soll die als ersatzpflichtig in Anspruch genommene Person bezeichnen und den geltend gemachten Schaden beziffern.

(2) Die Gemeinde bescheinigt der geschädigten Person die Anmeldung des Wild- oder Jagdschadens. Sie gibt die Anmeldung unverzüglich der als ersatzpflichtig in Anspruch genommenen Person bekannt.

(3) Nach Ausstellung der Bescheinigung über die Anmeldung des Wild- oder Jagdschadens weist die Gemeinde die geschädigte Person und die als ersatzpflichtig in Anspruch genommene Person auf die von den unteren Jagdbehörden nach Absatz 4 anerkannten Wildschadensschätzerinnen und Wildschadensschätzer hin.

(4) Die unteren Jagdbehörden erkennen Personen auf deren Antrag als Wildschadensschätzerinnen oder Wildschadensschätzer auf die

Dauer von fünf Jahren an, wenn diese geeignet und befähigt sind, zum Zweck der gütlichen außergerichtlichen Einigung Wild- und Jagdschäden zu schätzen, hierzu Ortstermine durchzuführen und auf eine gütliche Einigung hinzuwirken. Die oberste Jagdbehörde wird ermächtigt, durch Rechtsverordnung nähere Bestimmungen über das Verfahren in Wild- und Jagdschadenssachen und zum Zwecke der Förderung einer außergerichtlichen gütlichen Einigung in Wild und Jagdschadenssachen nähere Bestimmungen über die Anforderungen an Personen zu treffen, welche die unteren Jagdbehörden als Wildschadensschätzerinnen oder Wildschadensschätzer anerkennen.

Verordnung des Ministeriums für Ländlichen Raum und Verbraucherschutz zur Durchführung des Jagd- und Wildtiermanagementgesetzes (DVO JWMG) vom 2. April 2015

§ 11 Schutzvorrichtungen

Als übliche Schutzvorrichtungen im Sinne des § 55 Absatz 2 Satz 2 JWMG gelten wilddichte Zäune mit ausreichender Standsicherheit und folgenden Mindesthöhen:

1. 2,50 m zum Schutz gegen Muffelwild,
2. 1,80 m zum Schutz gegen Rot-, Dam- und Sikawild,
3. 1,50 m zum Schutz gegen Reh-, Gams- und Schwarzwild und
4. 1,00 m über und 0,30 m in der Erde zum Schutz gegen Wildkaninchen.

Zum Schutz gegen Schwarzwild sind abweichend von Satz 1 Nummer 3 Elektrozäune ausreichend, wenn im Einzelfall gewährleistet ist, dass sie den wilddichten Zäunen in der Wirksamkeit gleichstehen.

§ 13 Schadensanmeldung

(1) Der Anspruch auf Ersatz von Wild- oder Jagdschaden ist bei der Gemeinde, auf deren Gemarkung das beschädigte Grundstück liegt, innerhalb der in § 57 Absatz 1 Satz 1 JWMG bestimmten Frist oder bis zu dem in § 57 Absatz 1 Satz 2 JWMG bestimmten Stichtag schriftlich oder zur Niederschrift anzumelden.

(2) Die Bescheinigung nach § 57 Absatz 2 JWMG muss den Tag der Anmeldung und die geschädigte Person bezeichnen sowie Angaben zum Ort und zur Art des Schadens enthalten.

(3) Soweit die als ersatzpflichtig in Anspruch genommene Person mit Anschrift benannt wird, übermittelt die Gemeinde dieser Person unverzüglich eine Abschrift der Bescheinigung.

(4) Mit der Bescheinigung soll der Hinweis auf die anerkannten Wildschadensschätzerinnen und Wildschadensschätzer verbunden werden.

2.1.1 Ersatzpflichtige Wildarten

Ersatzpflichtig sind alle Schäden, die durch Schalenwild nach § 2, Absatz 3 BJagdG, also Wisente, Elch-, Rot-, Dam-, Sika-, Reh-, Gams-, Stein-, Muffel- und Schwarzwild sowie Wildkaninchen an ersatzpflichtigen Kulturen entstanden sind.

Es ist möglich, im Jagdpachtvertrag weitere Wildarten aufzunehmen, für deren Schäden Ersatzpflicht besteht.

2.1.2 Ersatzpflichtige Kulturen

Schäden an folgenden Kulturen sind ersatzpflichtig:

- Landwirtschaftliche Kulturen, auch Grünland (Mais: s. u.).
- Weinreben
- Streuobstwiesen mit Grünlandnutzung und weniger als 150 Obstbäumen je Hektar. Jedoch nicht Wühlschäden, wenn zum Schadenszeitpunkt das Fallobst nicht fachgerecht abgeerntet ist.
- Mais: Bei Mais für landwirtschaftliche Nutzung ist der Schaden zu 80 % zu ersetzen, es sei denn, dass die geschädigte Person nachweist, dass sie die üblichen und allgemein zumutbaren Maßnahmen zur Wildschadensabwehr vorgenommen hat. Die Maßnahmen werden nicht näher bezeichnet. Wird der Mais für eine gewerbliche Nutzung angebaut (Biogas-Anlage), so gibt es erste Urteile, die davon ausgehen, dass dieser Mais kein landwirtschaftliches Produkt im herkömmlichen Sinne sei und deshalb eine Ersatzpflicht nicht bestehe.

Nicht ersatzpflichtig sind Schäden in befriedeten Bereichen, in denen die Jagd ruht.

2.1.3 Systematik der Schadensregulierung

Ersatzpflichtig sind Schäden an:

- Pflanzen und Pflanzenteilen
- Erntegut und Früchten
- Wühlschäden
- Schäden an Unterstützungsvorrichtungen (z. B. Drahtrahmen bei Rebanlagen)

Ersatzpflichtig sind auch abgeerntete, noch nicht eingefahrene Erzeugnisse.

Ersetzt wird der Schaden wie er sich zum Zeitpunkt der Ernte darstellen würde. Dabei sind eingesparte Produktionskosten zu berücksichtigen. Ferner ist abzuklären, ob der Schaden durch Neuansaat oder Nachsaat in der gleichen Vegetationsperiode zu verringern gewesen wäre.

Der Schaden ist innerhalb einer Woche nach Kenntnisnahme bei der zuständigen Gemeinde zu melden. Dies geschieht schriftlich oder zur

Niederschrift. Dabei wird davon ausgegangen, dass gute fachliche Praxis eine regelmäßige Kontrolle der Bestände voraussetzt. Im Normalfall wird von einer maximal vierwöchigen Kontrollfrist ausgegangen. Bei gefährdeten Lagen oder Kulturen kann diese Frist bis auf eine Woche verringert werden. Die Meldung kann formlos abgegeben werden, jedoch sind folgende Daten anzugeben:

- Name und Anschrift des Geschädigten.
- Betroffenes Grundstück mit Flurstücksnummer.
- Datum der Kenntnisnahme.
- Schadensart (hier reicht die Angabe „Wildschaden“).
- Die Schadenshöhe muss nicht beziffert werden.
- Sofern bekannt, ist die Anschrift des Ersatzpflichtigen zu nennen.

Daraufhin werden diese Daten, vor allem die Einhaltung der Meldefrist von einer Woche, von der Gemeinde geprüft und dem Geschädigten und dem Ersatzpflichtigen unverzüglich eine Bescheinigung ausgestellt, die den Tag der Schadensmeldung, die Daten der Beteiligten sowie Angaben zu Ort und Schadensart enthält. In der Praxis legt die Gemeinde eine Liste der anerkannten Wildschadensschätzer bei.

Jetzt ist es Aufgabe der beteiligten Parteien, sich ins Benehmen zu setzen und eine gemeinsame Lösung anzustreben. Gegebenenfalls können die Parteien gemeinsam oder jede Partei einzeln die Hilfe eines Wildschadenschätzers in Anspruch nehmen. Die Kosten für den Schätzer trägt zunächst die Partei, die ihn beauftragt hat. Aufgabe des Schätzers ist es, die Schadenshöhe zu ermitteln und zu versuchen, zwischen den Parteien einen Konsens herbeizuführen. Sollte es zu keiner Einigung kommen, muss der Geschädigte den Rechtsweg beschreiten. Dabei muss er den Schaden nachweisen und darstellen sowie die Schadenshöhe nachvollziehbar beziffern. Dem Geschädigten obliegt die Beweislast.

2.2 Bayern

Bayerisches Jagdgesetz (BayJG), Stand 22.07.2014

Art. 45 Erstattungsausschluss
Wildschaden an Grundflächen, auf denen die Jagd nicht ausgeübt werden darf, ist nicht zu ersetzen. Die Grundflächen bleiben bei der Berechnung der anteiligen Ersatzleistung für den Wildschaden an anderen Grundstücken (§ 29 Abs. 1 Satz 2 des Bundesjagdgesetzes) außer Ansatz.

Art. 46 Ersatz weiterer Wildschäden

Ist für den ganzen oder teilweisen Verlust der Ernte Ersatz geleistet, so kann wegen eines weiteren Schadens im gleichen Wirtschaftsjahr Ersatz nur verlangt werden, wenn die Neubestellung im Rahmen der üblichen Bewirtschaftung liegt.

Verordnung zur Ausführung des Bayerischen Jagdgesetzes (AVBayJG) (1. März 1983), Stand: letzte berücksichtigte Änderung: v. 22.7.2014

§ 24 Wildschadensschätzer

Zu Art. 47a Abs. 2 BayJG:

(1) Zur Abschätzung der Wild- und Jagdschäden bestellt die Jagdbehörde nach Anhörung der Berufsorganisation der bayerischen Landwirtschaft und des Jagdbeirates Wildschadensschätzer in ausreichender Zahl. Als Schätzer für Wild- und Jagdschäden an Forstpflanzen bestellt die Jagdbehörde mindestens einen Forstsachverständigen, der über eine ausreichende forstliche Ausbildung und die notwendige Erfahrung verfügt; Forstbeamte können zu Schätzern nur bestellt werden, wenn und solange freiberufliche Forstsachverständige nicht vorhanden sind. Die Bestellung der Schätzer ist jederzeit widerruflich.

(2) Für die ehrenamtliche Tätigkeit der Wildschadensschätzer gelten Art. 20 Abs. 1 und 5, Art. 21 Abs. 1 sowie die Art. 83 bis 85 des Bayerischen Verwaltungsverfahrensgesetzes entsprechend.

§ 25 Schadensanmeldung, Vorverfahren, Zurückweisungsbescheid

(1) Ersatzpflichtige Wild- und Jagdschäden sind bei der für das beschädigte Grundstück zuständigen Gemeinde schriftlich oder zur Niederschrift anzumelden (§ 34 BJagdG). Schäden an gemeindefreien Grundstücken, die einem Gemeinschaftsjagdrevier angegliedert sind, sind bei der Gemeinde, in der das Gemeinschaftsjagdrevier liegt oder bei einer der angrenzenden Gemeinden anzumelden.

Ist die Gemeinde selbst Eigentümerin des beschädigten Grundstücks, hat die Anmeldung bei der Rechtsaufsichtsbehörde zu erfolgen.

(2) Wild- und Jagdschäden können gerichtlich erst geltend gemacht werden, wenn das Vorverfahren bei der nach Abs. 1 Sätze 1 und 2 zuständigen Gemeinde durchgeführt worden ist. Ist die Gemeinde selbst Geschädigte oder Ersatzpflichtige oder nimmt der Bürgermeister der Gemeinde die Geschäfte des Jagdvorstands der ersatzpflichtigen Jagdgenossenschaft wahr, führt die Rechtsaufsichtsbehörde das Vorverfahren durch.

(3) Verspätet angemeldete Ansprüche auf Ersatz von Wild- oder Jagdschäden und Anträge, die wegen Fehlens eines ersatzfähigen Wild- oder Jagdschadens offensichtlich unbegründet sind, weist die

Gemeinde mit schriftlichem Bescheid zurück, falls der Antrag trotz Belehrung aufrechterhalten wird.

Der Bescheid ist dem Antragsteller zuzustellen.

(4) Das Recht der Beteiligten, Wild- und Jagdschadenssachen ohne Vorverfahren durch Vereinbarung zu regeln, bleibt unberührt.

§26 Termin am Schadensort, gütliche Einigung

(1) Ist ein Wild- oder Jagdschaden rechtzeitig (§34 BJagdG) angemeldet, so hat die Gemeinde unverzüglich einen Schätzungstermin am Schadensort anzuberaumen, um auf eine gütliche Einigung der Beteiligten hinzuwirken. Zu dem Termin sind der Geschädigte und die Ersatzpflichtigen (§§29 ff. BJagdG) mit dem Hinweis zu laden, dass im Fall des Nichterscheinens mit der Ermittlung des Schadens dennoch begonnen werden kann. Ein Schätzer ist zu laden, wenn ein Beteiligter dies beantragt, wenn eine gütliche Einigung nicht zu erwarten ist oder wenn andere Gründe es erfordern.

(2) Jeder Beteiligte kann in dem Termin beantragen, dass bei landwirtschaftlich genutzten Grundstücken der Schaden erst in einem späteren, kurz vor der Ernte abzuhaltenden Termin festgestellt werden soll. Dem Antrag ist stattzugeben, sofern nicht bereits feststeht, dass für den vollständigen Verlust der Ernte Ersatz zu leisten ist. Wird dem Antrag stattgegeben, so ist der Schaden soweit zu ermitteln, als dies möglich und zur endgültigen Feststellung notwendig ist. Über die Verhandlung ist eine Niederschrift aufzunehmen.

(3) Kommt in dem Termin am Schadensort eine gütliche Einigung zustande, so sind in der Niederschrift (Absatz 2 Satz 4) neben dem Ersatzberechtigten, dem Ersatzpflichtigen, der Höhe des Schadensersatzes und dem Zeitpunkt der Ersatzleistung auch Art und Umfang des Schadens sowie die vereinbarte Kostentragung anzugeben. Die Niederschrift ist von den Beteiligten und dem Vertreter der Gemeinde zu unterzeichnen. Eine beglaubigte Abschrift ist den Beteiligten zuzustellen.

§27 Schadensfestsetzung, Kosten

(1) Kommt eine gütliche Einigung nicht zustande, so hat die Gemeinde, falls noch nicht geschehen, unter Hinweis auf die dadurch entstehenden höheren Kosten unverzüglich einen Schätzer beizuziehen. Erforderlichenfalls ist ein neuer Termin anzusetzen, zu dem auch der Schätzer zu laden ist.

(2) Der Schätzer hat ein schriftliches Gutachten abzugeben, das folgende Angaben enthalten muss:

1. Die Bezeichnung und Kulturart des beschädigten Grundstücks,
2. die Wildart, die den Schaden verursacht hat,
3. den Umfang des Schadens nach Flächengröße und Anteil der beschädigten Fläche,

4. den Schadensbetrag und eine etwaige Mitverantwortung des Geschädigten.

Das Gutachten soll auf die Streitpunkte eingehen, die einer gütlichen Einigung entgegenstehen.

(3) Auf der Grundlage des Gutachtens erlässt die Gemeinde einen schriftlichen Vorbescheid, der den Ersatzberechtigten, den Ersatzpflichtigen sowie die Höhe des Schadensersatzes feststellt und eine Bestimmung über die Kostentragung enthält. In der Begründung des Vorbescheids sind auch Art und Umfang des entstandenen Schadens festzuhalten. Der Vorbescheid ist mit einer Belehrung über die Möglichkeit der Klageerhebung (§ 29) zu versehen und den Beteiligten zuzustellen.

(4) (aufgehoben).

§ 28 Zwangsvollstreckung

(1) Die Niederschrift über eine gütliche Einigung (§ 26 Abs. 3) ist eine Woche nach Zustellung, der Vorbescheid (§ 27 Abs. 3) vier Wochen nach Zustellung an den Ersatzpflichtigen vollstreckbar, sofern nicht gemäß § 29 Abs. 1 fristgerecht Klage erhoben worden ist.

(2) Für die Zwangsvollstreckung gelten die 724 bis 793 und 803 bis 915 der Zivilprozessordnung sinngemäß mit der Maßgabe, dass

1. die vollstreckbare Ausfertigung von dem Urkundsbeamten der Geschäftsstelle des Amtsgerichts erteilt wird, in dessen Bezirk die Gemeinde ihren Sitz hat,

2. in den Fällen der §§ 731, 767 bis 770, 785, 786 und 791 der Zivilprozessordnung an die Stelle des Prozessgerichts das vorbezeichnete Amtsgericht tritt.

§ 29 Gerichtliches Verfahren

(1) Ist ein Zurückweisungsbescheid (§ 25 Abs. 3) oder ein Vorbescheid (§ 27 Abs. 3) ergangen, so kann binnen einer Notfrist von vier Wochen seit Zustellung des Bescheids Klage vor den ordentlichen Gerichten erhoben werden (Art. 47a Abs. 1 Satz 5 BayJG).

(2) Bei Erlass eines Vorbescheids ist die Klage zu richten:

1. vom Ersatzberechtigten gegen den Ersatzpflichtigen auf Zahlung des verlangten Mehrbetrages,

2. vom Ersatzpflichtigen gegen den Ersatzberechtigten auf Aufhebung des Vorbescheids und anderweitige Entscheidung über den Anspruch oder auf Herabsetzung des festgesetzten Betrages.

Im Urteil ist zugleich nach billigem Ermessen über die zu erstattenden Kosten des Vorverfahrens zu entscheiden.

2.2.1 Ersatzpflichtige Wildarten

Ersatzpflichtig sind Schäden, die durch Schalenwild, also Wisent, Rotwild, Sikawild, Elche, Damwild, Rehwild, Steinwild, Gamswild, Muffelwild oder Schwarzwild sowie Fasanen und Wildkaninchen verursacht wurden (§29 BJG Abs. 1 BJG). Es ist möglich, im Jagdpachtvertrag weitere Wildarten aufzunehmen, für deren Schäden Ersatzpflicht besteht.

2.2.2 Ersatzpflichtige Kulturen

Ersatzpflichtig sind alle landwirtschaftlichen Kulturen. Im Weinbau erfolgt kein Wildschadensausgleich. Schäden an Kulturen des Erwerbsgartenbaus, des Erwerbsobstbaus und Christbaumkulturen sind nicht ersatzpflichtig, außer diese waren durch übliche Schutzvorrichtungen hinreichend gesichert. (§32 Abs. 2 BJagdG).

Nicht ersatzpflichtig sind Schäden in befriedeten Bereichen, in denen die Jagd ruht.

2.2.3 Systematik der Schadensregulierung

Schadensersatz fordern kann der geschädigte Eigentümer eines Grundstückes oder der Nutzungsberechtigte (z. B. Pächter). Generell soll eine einvernehmliche Regelung zwischen den Beteiligten angestrebt werden. Ist davon nicht auszugehen, ist der Schaden innerhalb einer Woche nach Kenntnisnahme bei der zuständigen Gemeinde zu melden. Die Meldung muss schriftlich oder zur Niederschrift erfolgen.

Die Gemeinde leitet ein Vorverfahren ein und beraumt dazu einen Vorort-Termin mit den Beteiligten ein. Sollte eine Einigung erzielt werden, wird ein Protokoll darüber angefertigt und den Beteiligten übersandt. Ein Schätzer wird von der Gemeinde erst herangezogen, wenn eine gütliche Einigung nicht zu Stande kommt oder ein Beteiligter dies fordert.

Alle Beteiligten können verlangen, dass eine weitere Begehung kurz vor der Ernte stattfindet um den Schaden dann zu beurteilen.

Kommt es nicht zu einer gütlichen Einigung, setzt die Gemeinde einen zweiten Termin an. Hier muss ein Schätzer hinzugezogen werden.

Basierend auf dem Gutachten des Schätzers erlässt die Gemeinde einen schriftlichen Vorbescheid. Daraus ergibt sich, ob und in welcher Höhe ein ersatzpflichtiger Schaden vorliegt. Ebenso beinhaltet der Vorbescheid eine Regelung über die Höhe der Verfahrens- und Schätzerkosten sowie deren Aufteilung. Ist eine der Parteien mit diesem Bescheid nicht einverstanden, öffnet sich ihr der Klageweg. Die Klage ist innerhalb zwei Wochen nach Erlass des Vorbescheides beim zuständigen Amtsgericht einzureichen. Hiervon unberührt sind die Kosten und deren Verteilung im Vorbescheid.

2.3 Berlin

Gesetz über den Schutz, die Hege und Jagd wildlebender Tiere im Land Berlin (Landesjagdgesetz Berlin – LJagdG Bln) vom 3. Mai 1995, in der Fassung vom 25. September 2006

§ 37 Erstattungsausschluss

(1) Wildschäden an Grundflächen, auf denen die Jagd ruht oder nicht ausgeübt werden darf, sind nicht zu ersetzen. Diese Grundflächen bleiben bei der Berechnung der anteiligen Ersatzleistung für den Wildschaden an anderen Grundstücken nach § 29 Abs. 1 Satz 2 des Bundesjagdgesetzes unberücksichtigt.

(2) Ist für den ganzen oder teilweisen Verlust der Ernte Ersatz geleistet, so kann wegen eines weiteren Schadens im gleichen Wirtschaftsjahr Ersatz nur beansprucht werden, wenn die Neubestellung im Rahmen der üblichen Bewirtschaftung liegt.

§ 39 Anmeldung von Wild- und Jagdschäden (zu § 34 des Bundesjagdgesetzes)
Wild- und Jagdschäden sind der Jagdbehörde anzuzeigen.

2.3.1 Ersatzpflichtige Wildarten

Ersatzpflichtig sind Schäden, die durch Schalenwild, also Wisent, Rotwild, Sikawild, Elche, Damwild, Rehwild, Steinwild, Gamswild, Muffelwild oder Schwarzwild sowie Fasanen und Wildkaninchen verursacht wurden (§29 BJG Abs. 1 BJG). Es ist möglich, im Jagdpachtvertrag weitere Wildarten aufzunehmen, für deren Schäden Ersatzpflicht besteht.

2.3.2 Ersatzpflichtige Kulturen

Ersatzpflichtig sind alle landwirtschaftlichen Kulturen. Schäden an Kulturen des Erwerbsgartenbaus, des Erwerbsobstbaus und Christbaumkulturen sind nicht ersatzpflichtig, außer diese waren durch übliche Schutzvorrichtungen hinreichend gesichert. (§32 Abs. 2 BJagdG).

Nicht ersatzpflichtig sind Schäden in befriedeten Bereichen, in denen die Jagd ruht.

2.3.3 Systematik der Schadensregulierung

Gemäß telefonischer Auskunft der Berliner Jagdreferentin gelten in Berlin die Regelungen des Bundesjagdgesetzes, landesspezifische Regelungen liegen nicht vor. Schadensregulierung erfolgt auf privatrechtlicher Basis zwischen den Parteien.

2.4 Brandenburg

Jagdgesetz für das Land Brandenburg (BbgJagdG) vom 9. Oktober 2003 (GVBl. I S. 250), letzte eingearbeitete Änderung. Artikel 22 des Gesetzes vom 13. März 2012 (GVBl.I/12, Nr. 16)

§ 43 Verhinderung übermäßigen Wildschadens auf eingezäunten Waldflächen und Obstplantagen
Zum Schutz von Forstkulturen und forstlichen Verjüngungsflächen sowie Obstplantagen, die gegen das Eindringen von Schalenwild mit den üblichen Schutzvorrichtungen versehen sind, ist der Jagdausübungsberechtigte verpflichtet, das eingewechselte Wild heraus zu treiben oder vorbehaltlich des § 22 Abs. 4 des Bundesjagdgesetzes zu erlegen.

§ 44 Erstattungsausschluss
(1) Wildschäden an Grundflächen, auf denen die Jagd ruht oder nicht ausgeübt werden darf, werden nicht erstattet. Diese Grundflächen bleiben bei der Berechnung der anteiligen Ersatzleistung für den Wildschaden an anderen Grundstücken außer Ansatz.

(2) Ist für den ganzen oder teilweisen Verlust der Ernte Ersatz geleistet, so kann wegen eines weiteren Schadens im gleichen Wirtschaftsjahr Ersatz nur beansprucht werden, wenn die Neubestellung im Rahmen der üblichen Bewirtschaftung liegt.

§ 45 Wildschäden in Forstkulturen, Flurholzpflanzungen und Obstplantagen
(1) Forstkulturen mit den im Jagdbezirk vorkommenden Hauptholzarten einschließlich der Naturverjüngung gelten als nicht erhöht gefährdet.

(2) Das für das Jagdwesen zuständige Mitglied der Landesregierung wird ermächtigt, durch Rechtsverordnung nach Anhörung des zuständigen Ausschusses des Landtages zu bestimmen, wann Schutzvorrichtungen für Forstkulturen, Flurholzpflanzungen und Obstplantagen erforderlich und welche als üblich anzusehen sind.

§ 46 Anmeldung von Wild- und Jagdschäden
(1) Zuständige Behörde für die Anmeldung von Wild- und Jagdschäden ist die örtliche Ordnungsbehörde, in deren Gebiet das Grundstück liegt, auf dem der Schaden entstanden ist. Der Anspruch auf Ersatz von Wild- und Jagdschäden erlischt, wenn der Berechtigte den Schadensfall nicht binnen einer Woche, nachdem er von dem Schaden Kenntnis erhalten hat oder bei Beobachtung gehöriger Sorgfalt erhalten hätte, bei der für das beschädigte Grundstück zuständigen Behörde anmeldet.

(2) Ist die nach Absatz 1 zuständige Gemeinde Eigentümerin des beschädigten Grundstückes oder ist ihr hauptamtlicher Bürgermeister, bei amtsangehörigen Gemeinden der Amtsdirektor, als Notvorstand einer beteiligten Jagdgenossenschaft eingesetzt, so nimmt die Aufgaben der zuständigen Behörde der Landkreis wahr.

(3) Die gemäß den Absätzen 1 oder 2 für die Anmeldung zuständige Behörde ist zuständig für das Feststellungsverfahren gemäß den §§ 47 bis 53 (Feststellungsbehörde).

§ 47 Vorverfahren

(1) In Wild- und Jagdschadenssachen kann der ordentliche Rechtsweg erst beschritten werden, wenn das Feststellungsverfahren durchgeführt ist.

(2) Lehnt die Feststellungsbehörde die Durchführung des Feststellungsverfahrens ab, weil der geltend gemachte Schaden nicht fristgerecht angemeldet worden ist oder kein ersatzpflichtiger Wild oder Jagdschaden ist, so ist dem Geschädigten ein begründeter schriftlicher Bescheid mit einer Belehrung über die Frist der Klageerhebung zuzustellen.

§ 48 Wildschadensschätzer

(1) Zur Abschätzung von Wild- und Jagdschäden bestellt die untere Jagdbehörde entsprechende Sachverständige als Wildschadensschätzer.

(2) Zur Abschätzung von Wild- und Jagdschäden an Forstpflanzen bestellt die untere Jagdbehörde als Schätzer Personen, die ein forstliches Studium abgeschlossen haben und die Befähigung für den gehobenen oder höheren Forstdienst besitzen.

(3) Die untere Jagdbehörde bestellt die Schätzer nach den Absätzen 1 und 2 widerruflich für vier Jahre mit dem Auftrag zur unparteiischen und gewissenhaften Erfüllung ihrer Aufgabe.

(4) Ausgeschlossen von der Feststellung des Schadens ist, wer selbst an dem Wildschadensverfahren beteiligt ist oder mit einer an dem Wildschadensverfahren beteiligten Person durch Ehe oder eingetragene Lebenspartnerschaft verbunden oder im ersten Grad verwandt ist. Sind sowohl der zuständige Wildschadensschätzer als auch sein Stellvertreter verhindert, so kann die Feststellungsbehörde den für eine Nachbargemeinde bestellten Wildschadensschätzer hinzuziehen.

§ 49 Termin am Schadensort

(1) Ist ein Wild- oder Jagdschaden fristgemäß angemeldet, so beraumt die zuständige Feststellungsbehörde zur Herbeiführung einer gütlichen Einigung unverzüglich einen Termin am Schadensort an. Die Beteiligten sind in der Ladung darauf hinzuweisen, dass im Falle des Nichterscheinens mit der Ermittlung des Schadens begonnen wird. Be-

teiligte sind die Geschädigten und die nach den §§ 29 oder 30 des Bundesjagdgesetzes zum Schadenersatz Verpflichteten, die einen Schaden ganz oder teilweise zu erstatten haben, sowie die Jagdpächter. Zu dem Termin soll ein Wildschadensschätzer geladen werden, wenn ein Beteiligter dies beantragt oder eine gütliche Einigung nicht zu erwarten ist.

(2) Jeder Beteiligte kann in dem Termin beantragen, dass bei landwirtschaftlich genutzten Grundstücken die Feststellung des Schadens in einem weiteren, kurz vor der Ernte abzuhaltenden Termin erfolgen soll. Dem Antrag muss stattgegeben werden, wenn die Höhe des Schadens im Zeitpunkt des Termins noch nicht einwandfrei festgestellt werden kann. Die Ermittlung ist jedoch soweit durchzuführen, wie dies zur endgültigen Feststellung des Schadens notwendig ist. Über die Verhandlung ist eine Niederschrift aufzusetzen.

§ 50 Gütliche Einigung

(1) Die gütliche Einigung setzt die Anwesenheit aller Beteiligten beim Ortstermin voraus. Kommt sie zustande, so ist diese in die Niederschrift aufzunehmen und von allen Beteiligten zu unterzeichnen.

Die Niederschrift muss insbesondere die Art des Schadens, seine Höhe, den Zeitpunkt der Erstattung, die Verteilung der Verfahrenskosten sowie eine Belehrung über die Vollstreckbarkeit enthalten und ist den Beteiligten zuzustellen. Für die Festsetzung der Höhe der Kosten findet § 52 entsprechende Anwendung.

(2) Aus der Niederschrift über die gütliche Einigung findet die Zwangsvollstreckung nach den Vorschriften der Zivilprozessordnung über die Vollstreckung von Urteilen in bürgerlichen Rechtsstreitigkeiten statt.

(3) Die vollstreckbare Ausfertigung wird von dem Urkundsbeamten der Geschäftsstelle des Amtsgerichtes erteilt, in dessen Bezirk die Gemeinde ihren Sitz hat. Dieses Amtsgericht tritt in den Fällen der §§ 731, 767 bis 770, 785, 786 und 791 der Zivilprozessordnung an die Stelle des Prozessgerichtes.

§ 51 Schadensfeststellung und Vorbescheid

(1) Kommt eine gütliche Einigung nicht zustande, so stellt der Wildschadensschätzer den entstandenen Schaden fest. Ist der Schätzer im Termin am Schadensort nicht anwesend, so ist ein neuer Termin anzuberaumen, zu dem auch der Schätzer zu laden ist. Die Schätzung ist in die Niederschrift aufzunehmen, wobei

1. die Bezeichnung und Kulturart des beschädigten Grundstückes,
2. die Schadensursache (Wildart), der Umfang des Schadens nach Flächengröße und Anteil der beschädigten Fläche,
3. der Schadensbetrag und die Berechnungsart angegeben sein müssen.

(2) Aufgrund der Schätzung und unter Berücksichtigung des Ergebnisses der Verhandlung versucht die Feststellungsbehörde erneut eine gütliche Einigung der Beteiligten.

(3) Kommt eine gütliche Einigung zustande, so gilt § 50; anderenfalls ist den Beteiligten die Niederschrift, die das Scheitern des Vorverfahrens feststellt, mit einer Kostenentscheidung und einer Belehrung über die Frist für die Klageerhebung zuzustellen (Vorbescheid).

§ 52 Kosten des Vorverfahrens

(1) Kosten des Vorverfahrens sind die Vergütungen und Reisekosten des Schätzers sowie die Aufwendungen der Feststellungsbehörde. Die Beteiligten tragen die ihnen entstandenen Kosten selbst.

(2) Das für das Jagdwesen zuständige Mitglied der Landesregierung wird ermächtigt, durch Rechtsverordnung nach Anhörung des zuständigen Ausschusses des Landtages Bestimmungen über die Vergütungen und die erstattungsfähigen Reisekosten der Wildschadensschätzer zu erlassen.

(3) Die Feststellungsbehörde setzt die Kosten des Vorverfahrens fest. Sie verteilt sie nach billigem Ermessen, falls hierüber keine gütliche Einigung zustande gekommen ist. Die Kosten können auch festgesetzt werden, wenn das Vorverfahren nicht zu Ende geführt worden ist. Findet ein gerichtliches Verfahren statt, so sind die Kosten des Vorverfahrens, die von einem Beteiligten aufgrund des Kostenfestsetzungsbescheides der Feststellungsbehörde gezahlt worden sind, erstattungsfähig im Sinne des § 91 der Zivilprozessordnung.

§ 53 Gerichtliches Verfahren

Ist in dem Vorverfahren eine gütliche Einigung nicht zustande gekommen, so kann der Geschädigte binnen einer Notfrist von zwei Wochen seit der Zustellung der Niederschrift, in der das Scheitern des Vorverfahrens festgestellt worden ist, Klage erheben.

2.4.1 Ersatzpflichtige Wildarten

Ersatzpflichtig sind alle Schäden, die durch Schalenwild nach § 2, Absatz 3 BJagdG, also Wisente, Elch-, Rot-, Dam-, Sika-, Reh-, Gams-, Stein-, Muffel- und Schwarzwild sowie Wildkaninchen, an ersatzpflichtigen Kulturen entstanden sind.

Es ist möglich, im Jagdpachtvertrag weitere Wildarten aufzunehmen, für deren Schäden Ersatzpflicht besteht.

2.4.2 Ersatzpflichtige Kulturen

Ersatzpflichtig sind alle landwirtschaftlichen Kulturen. Im Weinbau erfolgt Wildschadensausgleich. Schäden an Kulturen des Erwerbsgartenbaus, des Erwerbsobstbaus und Christbaumkulturen sind nicht ersatzpflichtig, außer diese waren durch übliche Schutzvorrichtungen hinreichend gesichert. (§32 Abs. 2 BJagdG).

2.4.3 Systematik der Schadensregulierung

Schadensersatz fordern kann der geschädigte Eigentümer eines Grundstückes oder der Nutzungsberechtigte (z. B.: Pächter). Generell soll eine einvernehmliche Regelung zwischen den Beteiligten angestrebt werden. Ist davon nicht auszugehen, ist der Schaden innerhalb einer Woche nach Kenntnisnahme bei der zuständigen Gemeinde zu melden. Die Meldung muss schriftlich oder zur Niederschrift erfolgen.

Die Gemeinde leitet ein Vorverfahren ein und beraumt dazu einen Vorort-Termin mit den Beteiligten ein. Sollte eine Einigung erzielt werden wird ein Protokoll darüber angefertigt und den Beteiligten übersandt. Ein Schätzer wird von der Gemeinde erst herangezogen, wenn eine gütliche Einigung nicht zu Stande kommt oder ein Beteiligter dies fordert.

Alle Beteiligten können verlangen, dass eine weitere Begehung kurz vor der Ernte stattfindet, um den Schaden dann zu beurteilen.

Kommt es nicht zu einer gütlichen Einigung, setzt die Gemeinde einen zweiten Termin an. Hier muss ein Schätzer hinzugezogen werden.

Basierend auf dem Gutachten des Schätzers erlässt die Gemeinde einen schriftlichen Vorbescheid. Daraus ergibt sich, ob und in welcher Höhe ein ersatzpflichtiger Schaden vorliegt. Ebenso beinhaltet der Vorbescheid eine Regelung über die Höhe der Verfahrens- und Schätzerkosten sowie deren Aufteilung. Ist eine der Parteien mit diesem Bescheid nicht einverstanden, öffnet sich ihr der Klageweg. Die Klage ist innerhalb zwei Wochen nach Erlass des Vorbescheides beim zuständigen Amtsgericht einzureichen. Hiervon unberührt sind die Kosten und deren Verteilung im Vorbescheid.

2.5 Bremen

Bremisches Landesjagdgesetz (LJagdG) vom 26. Oktober 1981 Brem.GBl. S. 171, zuletzt geändert durch das Gesetz vom 4. Dezember 2001, Brem.GBl. S. 393

Artikel 32 (zu § 29 Abs. 4 und § 32 BJagdG)
Die Landesjagdbehörde wird ermächtigt, durch Verordnung

1. im Rahmen des § 29 Abs. 4 des Bundesjagdgesetzes die Wildschadensersatzpflicht auf andere Wildarten auszudehnen;

2. Bestimmungen über die Verpflichtung zur Leistung von Wildschadenersatz in den Fällen des § 32 Abs. 1 Satz 1 des Bundesjagdgesetzes zu erlassen, soweit dies mit Rücksicht auf die Interessen der Land- und Forstwirtschaft und des Gartenbaues notwendig erscheint;

3. zu bestimmen, welche Schutzvorrichtungen als üblich anzusehen sind (§ 32 Abs. 2 letzter Satz des Bundesjagdgesetzes).

Artikel 33 (zu § 35 BJagdG)

(1) Wild- und Jagdschaden kann im ordentlichen Rechtsweg nur geltend gemacht werden, wenn zuvor ein Feststellungsverfahren gem. § 35 des Bundesjagdgesetzes (Vorverfahren) vor der nach § 34 Satz 1 des Bundesjagdgesetzes zuständigen Behörde stattgefunden hat.

(2) Zuständige Behörde im Sinne des Absatzes 1 ist in den Ortsamtsbereichen das Ortsamt, im Übrigen die Jagdbehörde.

(3) Ist ein Wild- oder Jagdschaden rechtzeitig angemeldet, so beraumt die zuständige Behörde unverzüglich einen Termin am Schadensort an, um eine gütliche Einigung herbeizuführen. Beteiligte sind die Geschädigten und die zum Schadensersatz Verpflichteten einschließlich der Jagdpächter, sofern diese einen Schaden ganz oder teilweise zu erstatten haben. Die Beteiligten sind mit dem Hinweis zu laden, dass im Falle des Nichterscheinens die Ermittlung des Schadens dennoch vorgenommen werden kann. Der Schätzer soll zu dem Termin geladen werden, wenn ein Beteiligter dies beantragt.

(4) Jeder Beteiligte kann in dem Termin beantragen, dass der Schaden erst in einem späteren, kurz vor der Ernte abzuhaltenden Termin festgesetzt werden soll. Diesem Antrag muss stattgegeben werden.

(5) Wildschadenschätzer und deren Stellvertreter werden auf die Dauer von 4 Jahren auf gemeinsamen Vorschlag der Landwirtschaftskammer Bremen und der Landesjägerschaft von der Jagdbehörde bestellt. Die Schätzer und Stellvertreter sind verpflichtet, ihre Gutachten unparteiisch nach bestem Wissen und Gewissen zu erstatten. Die Bestellung ist jederzeit widerruflich.

(6) Kommt eine gütliche Einigung zustande, so ist eine Niederschrift darüber aufzunehmen, wie und zu welchem Zeitpunkt der Schaden zu ersetzen und wie die Kosten des Verfahrens zu erstatten sind. Die zuständige Behörde kann über den geltend gemachten Anspruch vollstreckbare Verpflichtungserklärungen aufnehmen. Sie hat die Urschrift der Verpflichtungserklärung auf der Geschäftsstelle des zuständigen Amtsgerichts niederzulegen. Aus der Verpflichtungserklärung findet die Zwangsvollstreckung nach den Vorschriften der Zivilprozessordnung von Urteilen in bürgerlichen Rechtsstreitigkeiten statt. Die vollstreckbare Ausfertigung wird von dem Urkundsbeamten der Geschäftsstelle des zuständigen Amtsgerichts erteilt. In den Fällen der §§ 731, 767 bis 770, 785 und 791 der Zivilprozessordnung tritt das zuständige Amtsgericht an die Stelle des Prozessgerichts.

(7) In diesem oder in dem folgenden Termin ist der entstandene Schaden von dem Schätzer festzustellen. Aufgrund dieser Schätzung setzt die zuständige Stelle den Schaden durch einen Vorbescheid fest; in ihm ist über die Kosten des Verfahrens nach billigem Ermessen zu

bestimmen. Der Vorbescheid ist zu begründen, mit einer Rechtsmittelbelehrung zu versehen und den Beteiligten zuzustellen.

(8) Als Kosten des Verfahrens kommen nur die notwendigen Auslagen, insbesondere Reisekosten und Gebühren des Schätzers, Botenlöhne und Portokosten in Ansatz. Die den Beteiligten erwachsenen Kosten sind nicht erstattungsfähig.

(9) Die Zwangsvollstreckung nach der Zivilprozessordnung findet statt

1. aus der Niederschrift über die Einigung, wenn die vollstreckbare Ausfertigung mindestens eine Woche vorher zugestellt ist;

2. aus dem Vorbescheid, wenn die vollstreckbare Ausfertigung bereits zugestellt ist oder gleichzeitig zugestellt wird.

(10) Die vollstreckbare Ausfertigung wird von dem Urkundsbeamten der Geschäftsstelle des Amtsgerichts erteilt, zu dessen Bezirk die zuständige Stelle gehört. In den Fällen der §§ 731, 768 und 791 der Zivilprozessordnung entscheidet das in Satz 1 bezeichnete Gericht.

Artikel 34 (zu § 35 BJagdG)

(1) Gegen den Vorbescheid können die Beteiligten binnen einer Frist von zwei Wochen seit Zustellung bei dem Amtsgericht Klage erheben. Zuständig ist das Amtsgericht, in dessen Bezirk die mit dem Vorverfahren befasste zuständige Stelle ihren Sitz hat.

(2) Auf die Einstellung der Zwangsvollstreckung und die Aufhebung oder Abänderung des Vorbescheides finden die Vorschriften der §§ 717 und 719 der Zivilprozessordnung Anwendung.

2.5.1 Ersatzpflichtige Wildarten

Ersatzpflichtig sind alle Schäden, die durch Schalenwild nach § 2, Absatz 3 BJagdG, also Wisente, Elch-, Rot-, Dam-, Sika-, Reh-, Gams-, Stein-, Muffel- und Schwarzwild sowie Wildkaninchen an ersatzpflichtigen Kulturen entstanden sind.

Es ist möglich, im Jagdpachtvertrag weitere Wildarten aufzunehmen für deren Schäden Ersatzpflicht besteht.

2.5.2 Ersatzpflichtige Kulturen

Ersatzpflichtig sind alle landwirtschaftlichen Kulturen. Schäden an Kulturen des Erwerbsgartenbaus, des Erwerbsobstbaus und Christbaumkulturen sind nicht ersatzpflichtig, außer diese waren durch übliche Schutzvorrichtungen hinreichend gesichert. (§32 Abs. 2 BJagdG).

2.5.3 Systematik der Schadensregulierung

Schadensersatz fordern kann der geschädigte Eigentümer eines Grundstückes oder der Nutzungsberechtigte (z. B.: Pächter). Generell soll eine einvernehmliche Regelung zwischen den Beteiligten angestrebt werden. Ist davon nicht auszugehen, ist der Schaden innerhalb einer

Woche nach Kenntnisnahme bei der zuständigen Gemeinde zu melden. Die Meldung muss schriftlich oder zur Niederschrift erfolgen.

Die Gemeinde leitet ein Vorverfahren ein und beraumt dazu einen Vorort-Termin mit den Beteiligten ein. Sollte eine Einigung erzielt werden wird ein Protokoll darüber angefertigt und den Beteiligten übersandt. Ein Schätzer wird von der Gemeinde erst herangezogen, wenn eine gütliche Einigung nicht zu Stande kommt oder ein Beteiligter dies fordert.

Alle Beteiligten können verlangen, dass eine weitere Begehung kurz vor der Ernte stattfindet um den Schaden dann zu beurteilen.

Kommt es nicht zu einer gütlichen Einigung setzt die Gemeinde einen zweiten Termin an, hier muss ein Schätzer hinzugezogen werden.

Basierend auf dem Gutachten des Schätzers erlässt die Gemeinde einen schriftlichen Vorbescheid. Daraus ergibt sich, ob und in welcher Höhe ein ersatzpflichtiger Schaden vorliegt. Ebenso beinhaltet der Vorbescheid eine Regelung über die Höhe der Verfahrens- und Schätzerkosten sowie deren Aufteilung. Ist eine der Parteien mit diesem Bescheid nicht einverstanden, öffnet sich ihr der Klageweg. Die Klage ist innerhalb zwei Wochen nach Erlass des Vorbescheides beim zuständigen Amtsgericht einzureichen. Hiervon unberührt sind die Kosten und deren Verteilung im Vorbescheid.

2.6 Hamburg

Hamburgisches Jagdgesetz, vom 22. Mai 1978; Fundstelle: HmbGVBl. 1978, S. 162, letzte berücksichtigte Änderung: §§ 15, 30, geändert durch Gesetz vom 18. Juli 2001 (HmbGVBl. S. 251, 257)

§ 24 Wild- und Jagdschaden

(1) Wildschaden an Grundflächen, auf denen die Jagd ruht oder nicht ausgeübt werden darf, ist nicht zu ersetzen. Diese Grundflächen bleiben bei der Berechnung der anteiligen Ersatzleistungen der Jagdgenossen für den Wildschaden außer Ansatz.

(2) In Wild- und Jagdschadenssachen kann der ordentliche Rechtsweg erst beschritten werden, nachdem zuvor ein Feststellungsverfahren bei der zuständigen Behörde stattgefunden hat (§ 35 Bundesjagdgesetz).

(3) Die zuständige Behörde kann über den geltend gemachten Anspruch vollstreckbare Verpflichtungserklärungen (Anerkenntnis, Vergleich) aufnehmen. Sie hat die Urschrift der Verpflichtungserklärung auf der Geschäftsstelle des Amtsgerichts Hamburg niederzulegen.

(4) Aus der Verpflichtungserklärung findet die Zwangsvollstreckung nach den Vorschriften der Zivilprozessordnung über die Vollstreckung von Urteilen in bürgerlichen Rechtsstreitigkeiten statt. Die vollstreck-

bare Ausfertigung wird von dem Urkundsbeamten der Geschäftsstelle des Amtsgerichts Hamburg erteilt. In den Fällen der §§ 731, 767–770, 785, 786 und 791 der Zivilprozessordnung tritt das Amtsgericht Hamburg an die Stelle des Prozessgerichts.

Verordnung über das Feststellungsverfahren in Wild- und Jagdschadenssachen vom 2. März 1971 (Fundstelle: HmbGVBl. 1971, S. 40 Stand: letzte berücksichtigte Änderung: § 4 geändert durch Artikel 33 des Gesetzes vom 11. Juli 2007) HmbGVBl. S. 236, 239)

Auf Grund des § 27 Nummer 9 des Landesjagdgesetzes in der Fassung vom 21. Juni 1966 (Hamburgisches Gesetz- und Verordnungsblatt Seite 159) wird verordnet:

§ 1 Beginn des Feststellungsverfahrens
Das Feststellungsverfahren beginnt mit der Anmeldung des Wild- oder Jagdschadens (§ 34 des Bundesjagdgesetzes in der Fassung vom 30. März 1961 – Bundesgesetzblatt I Seite 304).

§ 2 Verspätete Anmeldung
Wird der Wild- oder Jagdschaden verspätet angemeldet, so ist dem Anmeldenden schriftlich mitzuteilen, dass wegen der Fristversäumnis die Herbeiführung einer gütlichen Einigung im Feststellungsverfahren nicht versucht werden kann.

§ 3 Termin am Schadensort
(1) Wird der Wild- oder Jagdschaden fristgerecht angemeldet, so beraumt die zuständige Behörde zur Herbeiführung einer gütlichen Einigung unverzüglich einen Termin am Schadensort an.

(2) Zu dem Termin sind der Geschädigte und der Ersatzpflichtige (Beteiligte) zu laden. Die zuständige Behörde kann weitere Personen hinzuziehen.

§ 4 Termin zur Schadensschätzung
(1) Kommt im ersten Termin am Schadensort (§ 3) eine gütliche Einigung nicht zustande, so ist auf Antrag des Geschädigten ein zweiter Termin am Schadensort anzuberaumen, zu dem neben den Beteiligten ein oder mehrere Schätzer zu laden sind. Der Antrag kann nur im ersten Termin gestellt werden.

(2) Der Schätzer hat sich im Termin gutachtlich zur Kulturart des beschädigten Grundstücks, der mutmaßlichen Schadensursache und Art und Umfang des Schadens zu äußern sowie den Geldbetrag zu schätzen, durch den der Schaden ausgeglichen werden kann.

(3) Als Schätzer für Wild- und Jagdschaden an Forstpflanzen dürfen nur Forstsachverständige geladen werden.

(4) Ein Schätzer darf in einem Wild- oder Jagdschadensverfahren nicht tätig werden, an dem er selbst, sein Ehegatte, sein Lebenspartner oder eine Person beteiligt ist, die mit ihm in gerader Linie verwandt, verschwägert oder durch Adoption verbunden oder in der Seitenlinie bis zum dritten Grade verwandt oder bis zum zweiten Grade verschwägert ist.

(5) Die zuständige Behörde versucht auf Grund des Verhandlungsergebnisses und der gutachtlichen Äußerungen der Schätzer erneut die Herbeiführung einer gütlichen Einigung.

(6) Das Feststellungsverfahren ist auch beendet, wenn der Geschädigte einen Antrag nach Absatz 1 nicht stellt oder der Einigungsversuch aus einem anderen Grunde scheitert.

§ 5 Niederschrift

(1) Über den Verlauf der Termine ist von der zuständigen Behörde eine Niederschrift anzufertigen.

(2) In der Niederschrift sind insbesondere der Antrag auf Anberaumung eines Termins zur Schadensschätzung, die gutachtlichen Äußerungen der Schätzer, die im Termin abgegebenen Verpflichtungserklärungen (Anerkenntnis, Vergleich) und, sofern ein Antrag nach § 4 Absatz 1 nicht gestellt wird oder eine gütliche Einigung aus anderem Grunde nicht zustande kommt, die Feststellung über die Beendigung des Feststellungsverfahrens aufzunehmen.

(3) Die Niederschrift ist den Beteiligten zuzustellen.

§ 6 Schätzer

(1) Die zuständige Behörde bestellt auf die Dauer von jeweils vier Jahren ehrenamtliche Schätzer, die vom Präses der zuständigen Behörde oder von einem von ihm beauftragten Beamten durch Handschlag zur unparteiischen und gewissenhaften Ausübung ihrer Tätigkeit verpflichtet werden.

(2) Die Schätzer können ihr Amt jederzeit niederlegen oder von der zuständigen Behörde aus wichtigem Grund vorzeitig abberufen werden.

(3) Die zuständige Behörde trägt die Schätzer zu Beginn des Jahres in eine Liste ein. Sie werden in der Reihenfolge dieser Eintragung tätig; ist ein Schätzer verhindert, tritt der in der Liste nächstfolgende an seine Stelle.

(4) Die Schätzer, die von der zuständigen Behörde zur Schätzung herangezogen werden, erhalten eine Entschädigung. Die Vorschriften des Gesetzes über die Entschädigung von Zeugen und Sachverständigen in der Fassung vom 1.Oktober 1969 (Bundesgesetzblatt I Seite

1757) gelten hierfür in ihrer jeweiligen Fassung sinngemäß. Die Entschädigungen werden von der zuständigen Behörde festgesetzt.

§ 7 Inkrafttreten

Diese Verordnung tritt am 1. April 1971 in Kraft.

Gegeben in der Versammlung des Senats, Hamburg, den 2. März 1971.

2.6.1 Ersatzpflichtige Wildarten

Ersatzpflichtig sind alle Schäden, die durch Schalenwild nach § 2, Absatz 3 BJagdG, also Wisente, Elch-, Rot-, Dam-, Sika-, Reh-, Gams-, Stein-, Muffel- und Schwarzwild sowie Wildkaninchen an ersatzpflichtigen Kulturen entstanden sind.

Es ist möglich, im Jagdpachtvertrag weitere Wildarten aufzunehmen, für deren Schäden Ersatzpflicht besteht.

2.6.2 Ersatzpflichtige Kulturen

Ersatzpflichtig sind alle landwirtschaftlichen Kulturen. Schäden an Kulturen des Erwerbsgartenbaus, des Erwerbsobstbaus und Christbaumkulturen sind nicht ersatzpflichtig, außer diese waren durch übliche Schutzvorrichtungen hinreichend gesichert (§32 Abs. 2 BJagdG).

2.6.3 Systematik der Schadensregulierung

Schadensersatz fordern kann der geschädigte Eigentümer eines Grundstückes oder der Nutzungsberechtigte (z. B. Pächter). Generell soll eine einvernehmliche Regelung zwischen den Beteiligten angestrebt werden. Ist davon nicht auszugehen, ist der Schaden innerhalb einer Woche nach Kenntnisnahme bei der zuständigen Gemeinde zu melden. Die Meldung muss schriftlich oder zur Niederschrift erfolgen.

Die Gemeinde leitet ein Vorverfahren ein und beraumt dazu einen Vorort-Termin mit den Beteiligten an. Sollte eine Einigung erzielt werden, wird ein Protokoll darüber angefertigt und den Beteiligten übersandt. Ein Schätzer wird von der Gemeinde erst herangezogen, wenn eine gütliche Einigung nicht zu Stande kommt oder ein Beteiligter dies fordert.

Alle Beteiligten können verlangen, dass eine weitere Begehung kurz vor der Ernte stattfindet, um den Schaden dann zu beurteilen.

Kommt es nicht zu einer gütlichen Einigung, setzt die Gemeinde auf Antrag des Geschädigten einen zweiten Termin an; hier muss ein Schätzer hinzugezogen werden.

Basierend auf dem Gutachten des Schätzers erlässt die Gemeinde einen schriftlichen Vorbescheid. Daraus ergibt sich, ob und in welcher Höhe ein ersatzpflichtiger Schaden vorliegt. Ebenso beinhaltet der Vorbescheid eine Regelung über die Höhe der Verfahrens- und Schätzerkosten sowie deren Aufteilung. Ist eine der Parteien mit diesem Bescheid nicht einverstanden, öffnet sich ihr der Klageweg. Die Klage ist innerhalb von zwei Wochen nach Erlass des Vorbescheides beim zuständigen Amtsgericht einzureichen. Hiervon unberührt sind die Kosten und deren Verteilung im Vorbescheid.

2.7 Hessen

Hessisches Jagdgesetz, 7. Teil: Wild- und Jagdschaden, in der Fassung vom 5. Juni 2001 (GVBl. I S. 271), zuletzt geändert durch Artikel 1 des Gesetzes vom 10. Juni 2011 (GVBl. I S. 293–301)

§ 33 Erstattungsausschluss
Wildschaden an Grundstücken, auf denen die Jagd ruht oder nicht ausgeübt werden darf, wird nicht erstattet. Diese Grundstücke bleiben bei der Berechnung der anteiligen Ersatzleistung für den Wildschaden an anderen Grundstücken außer Ansatz.

§ 34 Schadensanmeldung
(1) Der Anspruch auf Ersatz von Wild- oder Jagdschaden ist bei dem für das beschädigte Grundstück zuständigen Gemeindevorstand schriftlich anzumelden.

(2) Ist die Gemeinde selbst Geschädigte, teilt sie die Schadensfeststellung der Kommunalaufsichtsbehörde mit, die in diesem Fall die Aufgaben des Gemeindevorstandes wahrnimmt.

§ 35 Wildschadensschätzer
Der Gemeindevorstand jeder Gemeinde bestellt auf die Dauer von vier Jahren sachkundige Personen, die Wildschäden schätzen. Für die Schätzung von Wildschäden, die an Forstpflanzen entstehen, bestellt er Forstsachverständige.

Die Bestellung ist jederzeit widerruflich.

§ 36 Erstattungsverfahren, Vorverfahren
(1) Wird ein Wildschaden nach § 34 angemeldet, so hat der Gemeindevorstand unverzüglich an Ort und Stelle einen Termin anzuberaumen, an dem der behauptete Schaden zu ermitteln ist und auf eine gütliche Einigung hingewirkt werden soll. Zu dem Termin sind die Beteiligten mit dem Hinweis zu laden, dass im Falle des Nichterscheinens mit der Ermittlung des Schadens dennoch begonnen wird. Zu den Beteiligten gehören auch Jagdausübungsberechtigte, sofern sie den Wildschaden ganz oder teilweise zu erstatten haben. Die zum Schätzen von Wildschäden bestellten Personen müssen nicht geladen werden.

(2) Jede beteiligte Person kann in dem Termin beantragen, dass der Schaden erst in einem späteren, kurz vor der Ernte abzuhaltenden Termin festgestellt werden soll. Diesem Antrag muss stattgegeben werden.

(3) Kommt eine gütliche Einigung zustande, so ist eine Niederschrift darüber aufzunehmen, wie und zu welchem Zeitpunkt der Schaden zu ersetzen ist und wie die Kosten des Verfahrens zu erstatten sind. Die Niederschrift enthält

1. Ort und Zeit der Verhandlung.

2. Die Bezeichnung der Beteiligten, ihrer gesetzlichen Vertreter und der Bevollmächtigten nach Namen, Beruf oder Gewerbe, Wohnort und Anschrift.

3. Die Erklärungen der Beteiligten.

Die Niederschrift ist den Beteiligten vorzulesen oder zur Durchsicht vorzulegen. In der Niederschrift ist zu vermerken, dass dies geschehen und die Genehmigung erteilt ist.

(4) Kommt eine gütliche Einigung nicht zustande, so hat der Gemeindevorstand unverzüglich einen neuen Termin anzusetzen, zu dem auch eine zum Schätzen von Wildschäden bestellte Person zu laden ist.

(5) In diesem oder in dem folgenden Termin ist der entstandene Schaden von der zum Schätzen bestellten Person festzustellen. Aufgrund dieser Schätzung setzt der Gemeindevorstand den Schaden durch einen Vorbescheid fest. In ihm ist über die Kosten des Verfahrens nach billigem Ermessen zu bestimmen. Der Vorbescheid hat die Angaben nach Abs. 3 Satz 2 Nr. 2 zu enthalten. Er ist zu begründen, mit einer Rechtsmittelbelehrung zu versehen und den Beteiligten zuzustellen.

(6) Die Verfahrensgebühren sowie die notwendigen Auslagen, insbesondere Reisekosten und Gebühren der zum Schätzen bestellten Person, stellt die Gemeinde den Beteiligten in Rechnung. Die Kosten können auch festgesetzt und verteilt werden, wenn das Verfahren nicht zu Ende geführt worden ist. Die den Beteiligten erwachsenen Kosten sind nicht erstattungsfähig.

(7) Die Zwangsvollstreckung nach der Zivilprozessordnung findet statt

1. aus der Niederschrift über die Einigung, wenn die vollstreckbare Ausfertigung mindestens eine Woche vorher zugestellt worden ist,

2. aus dem Vorbescheid, wenn die vollstreckbare Ausfertigung bereits zugestellt worden ist oder gleichzeitig zugestellt wird.

(8) Die vollstreckbare Ausfertigung wird von dem Urkundsbeamten der Geschäftsstelle des Amtsgerichts erteilt, zu dessen Bezirk die Gemeinde gehört. In den Fällen der §§ 731, 768 und 791 der Zivilprozessordnung entscheidet das in Satz 1 bezeichnete Gericht.

§ 37 Klageverfahren

(1) Gegen den Vorbescheid können die Beteiligten binnen einer Frist von zwei Wochen seit Zustellung Klage erheben.

(2) Die Klage ist zu richten

1. von den Ersatzberechtigten gegen die Ersatzverpflichteten auf Zahlung des verlangten Mehrbetrages,
2. von den Ersatzverpflichteten gegen die Ersatzberechtigten auf Aufhebung des Vorbescheides und anderweitige Entscheidung über den Anspruch.

Im Schlussurteil ist zugleich über die zu erstattenden Kosten des Verfahrens nach § 36 nach billigem Ermessen zu erkennen.

(3) Auf die Einstellung der Zwangsvollstreckung und die Aufhebung oder Abänderung des Vorbescheides finden die Vorschriften der §§ 717 bis 719 der Zivilprozessordnung entsprechende Anwendung.

2.7.1 Ersatzpflichtige Wildarten

Ersatzpflichtig sind alle Schäden, die durch Schalenwild nach § 2, Absatz 3 BJagdG, also Wisente, Elch-, Rot-, Dam-, Sika-, Reh-, Gams-, Stein-, Muffel- und Schwarzwild sowie Wildkaninchen an ersatzpflichtigen Kulturen entstanden sind.

Es ist möglich, im Jagdpachtvertrag weitere Wildarten aufzunehmen, für deren Schäden Ersatzpflicht besteht.

2.7.2 Ersatzpflichtige Kulturen

Ersatzpflichtig sind alle landwirtschaftlichen Kulturen. Schäden an Weintrauben sind nicht ersatzpflichtig. Schäden an Kulturen des Erwerbsgartenbaus, des Erwerbsobstbaus und Christbaumkulturen sind nicht ersatzpflichtig, außer diese waren durch übliche Schutzvorrichtungen hinreichend gesichert. (§32 Abs. 2 BJagdG).

2.7.3 Systematik der Schadensregulierung

Schadensersatz fordern kann der geschädigte Eigentümer eines Grundstückes oder der Nutzungsberechtigte (z. B. Pächter). Generell soll eine einvernehmliche Regelung zwischen den Beteiligten angestrebt werden. Ist davon nicht auszugehen, ist der Schaden innerhalb einer Woche nach Kenntnisnahme bei der zuständigen Gemeinde zu melden. Die Meldung muss schriftlich oder zur Niederschrift erfolgen.

Die Gemeinde leitet ein Vorverfahren ein und beraumt dazu einen Vorort-Termin mit den Beteiligten ein. Sollte eine Einigung erzielt werden, wird ein Protokoll darüber angefertigt und den Beteiligten übersandt. Ein Schätzer wird von der Gemeinde erst herangezogen, wenn eine gütliche Einigung nicht zu Stande kommt oder ein Beteiligter dies fordert.

Alle Beteiligten können verlangen, dass eine weitere Begehung kurz vor der Ernte stattfindet, um den Schaden dann zu beurteilen.

Kommt es nicht zu einer gütlichen Einigung, setzt die Gemeinde einen zweiten Termin an. Hier muss ein Schätzer hinzugezogen werden.

Basierend auf dem Gutachten des Schätzers erlässt die Gemeinde einen schriftlichen Vorbescheid. Daraus ergibt sich, ob und in welcher Höhe ein ersatzpflichtiger Schaden vorliegt. Ebenso beinhaltet der Vorbescheid eine Regelung über die Höhe der Verfahrens- und Schätzerkosten sowie deren Aufteilung. Ist eine der Parteien mit diesem Bescheid nicht einverstanden, öffnet sich ihr der Klageweg. Die Klage ist innerhalb zwei Wochen nach Erlass des Vorbescheides beim zuständigen Amtsgericht einzureichen. Hiervon unberührt sind die Kosten und deren Verteilung im Vorbescheid.

2.8 Mecklenburg-Vorpommern

Jagdgesetz des Landes Mecklenburg-Vorpommern (Landesjagdgesetz – LJagdG M-V) vom 22. März 2000 (Fundstelle: GVOBl. M-V 2000, S. 126)
Änderungen:
1. geändert durch Artikel 32 des Gesetzes vom 22. November 2001 (GVOBl. M-V S. 438), in Kraft am 1. Januar 2002
2. §§ 21 und 43 geändert durch Artikel 9 des Gesetzes vom 11. Juli 2005 (GVOBl. M-V S. 326)
3. §§ 27, 36 und 39 geändert durch Artikel 24 des Gesetzes vom 23. Mai 2006 (GVOBl. M-V S. 194)
Abschnitt 6 Wild- und Jagdschaden

§ 27 Wildschadensausgleichskasse

(1) In jedem Landkreis und jeder kreisfreien Stadt wird eine Wildschadensausgleichskasse (Kasse) als Körperschaft des öffentlichen Rechts errichtet. Mitglieder der Kasse sind die Jagdgenossenschaften, die Eigentümer eines Eigenjagdbezirkes (Eigenjagdbesitzer), die Pächter eines Jagdbezirkes und die Landwirte, die eine Nutzfläche von mindestens 75 Hektar bewirtschaften.

Alle anderen Landwirte können der Kasse beitreten. Mehrere Kassen können durch öffentlich-rechtlichen Vertrag vereinbaren, dass eine der Kassen die Aufgaben der übrigen Kassen übernimmt. § 165 der Kommunalverfassung gilt entsprechend. Die Kasse untersteht der Fachaufsicht der Jagdbehörde.

Die Kasse hat die Aufgabe, Wildschäden zu verhindern und von Rot-, Dam- und Schwarzwild verursachte Wildschäden auszugleichen.

(3) Die Kasse regelt ihre Angelegenheiten in eigener Verantwortung durch Satzung (Haupt-/Beitragssatzung). Eine Satzung wird mit Zwei-Drittel-Mehrheit der anwesenden Mitglieder beschlossen. Beschließt die Kasse nicht bis zum Ablauf von sechs Monaten nach ihrer Errichtung ihre Hauptsatzung, erlässt und veröffentlicht sie die Jagdbehörde

auf Kosten der Kasse. Beschluss und Änderung einer Satzung bedürfen der Genehmigung durch die Jagdbehörde. Die oberste Jagdbehörde kann durch Verordnung Mustersatzungen gemäß Satz 1 erlassen und vorschreiben, dass bei Einhaltung der Mustersatzungen die Anzeige an die Stelle der Genehmigung tritt.

(4) Die erste Mitgliederversammlung wird durch die Jagdbehörde einberufen. Die Einladung erfolgt mit Monatsfrist durch Veröffentlichung in den Mitteilungsblättern der Landkreise, kreisfreien Städte und Ämter sowie mit Wochenfrist in der örtlichen Tagespresse.

(5) Die Kasse wählt einen Vorstand, der aus mindestens drei Mitgliedern besteht. Der Vorstand bestimmt einen Geschäftsführer, der die Kasse vertritt. Ein Geschäftsführer kann mehrere Kassen vertreten. Sofern kein Geschäftsführer bestimmt wird, setzt die Jagdbehörde einen Geschäftsführer zu Lasten der Kasse ein.

(6) Zur Erfüllung ihrer Aufgaben erhebt die Kasse durch Satzung Beiträge von ihren Mitgliedern. Die Höhe der Beiträge richtet sich nach dem Wildschadensgeschehen. Von der Beitragszahlung befreit sind Eigenjagdbesitzer für die Grundfläche, die in ihrem Eigentum steht, sowie die Landwirte. Die Beitragssatzung bestimmt Art und Umfang von Sachbeiträgen, die Landwirte erbringen sollen. Für die Haushaltsführung der Kassen gelten das Landesverwaltungsverfahrensgesetz und die Bestimmungen über die Haushaltswirtschaft der Gemeinden entsprechend. Absatz 3 Satz 3 gilt entsprechend.

(7) Abweichend von Absatz 6 Satz 3 kann die Kasse im Einvernehmen mit der Jagdbehörde von einem Eigenjagdbesitzer Beiträge auch für die Grundflächen erheben, die in seinem Eigentum stehen, wenn Wildschäden in benachbarten Jagdbezirken auf unzulänglichen Abschuss von Rot-, Dam- oder Schwarzwild im Eigenjagdbezirk zurückzuführen sind.

(8) Der Schadensersatzverpflichtete (Verpflichtete) kann sich insoweit nicht auf ein Verschulden eines Landwirtes berufen, als dieser nach Maßgabe der Beitragssatzung Sachbeiträge geleistet hat, die zur Verhinderung des konkreten Schadens geeignet waren.

(9) Die Kasse ist im Feststellungsverfahren beteiligt. Sie gewährt dem Verpflichteten nach Maßgabe der Hauptsatzung auf Antrag einen Ausgleich bis zur Höhe von 90 vom Hundert der Schadenssumme. Haben sich Verpflichteter und Geschädigter über die Schadenshöhe geeinigt, erfolgt der Ausgleich nur, wenn die Kasse der Einigung zugestimmt hat.

(10) Rechte und Pflichten der Wildschadensausgleichskassen nach § 27 des Landesjagdgesetzes vom 10. Februar 1992 (GVOBl. M-V S. 30), geändert durch Artikel 26 des Gesetzes vom 5. Mai 1994 (GVOBl. M-V S. 566), gehen mit Genehmigung der Hauptsatzung nach Absatz 3 auf die für dasselbe Gebiet neu errichteten Kassen über.

§ 28 Verfahren in Wild- und Jagdschadenssachen (zu § 35 BJagdG)

(1) Wild- und Jagdschaden ist bei den örtlichen Ordnungsbehörden anzumelden.

(2) Wildschäden an Grundstücken, auf denen die Jagd ruht oder nicht ausgeübt werden darf (§ 5), werden nicht erstattet. Diese Grundstücke bleiben bei der Berechnung der anteiligen Ersatzleistung für Wildschäden an anderen Grundstücken außer Betracht (§ 29 Abs. 1 Satz 2 des Bundesjagdgesetzes).

(3) Vor Beschreiten des ordentlichen Rechtsweges findet ein Feststellungsverfahren vor der örtlichen Ordnungsbehörde statt. Einzelheiten des Verfahrens regelt die oberste Jagdbehörde durch Verordnung im Einvernehmen mit dem Innenministerium.

(4) Den Ausgleich von Schäden, die durch Wildarten verursacht werden, bei denen die Möglichkeit der Einflussnahme der Jäger zur Verhinderung von Wildschäden gering ist, regelt die Landesregierung durch Verordnung.

Verordnung über das Feststellungsverfahren in Wild- und Jagdschadenssachen (Wild- und Jagdschadensverordnung – Wild- und JagdSVO M-V) vom 2. Januar 2001 (GVOBl. M-V S. 5), in Kraft am 25. Januar 2001, geändert durch Verordnung vom 5. Januar 2002 (GVOBl. M-V. S. 49), in Kraft am 21. Februar 2002

Das Ministerium für Ernährung, Landwirtschaft, Forsten und Fischerei verordnet auf Grund des § 28 Abs. 3 des Landesjagdgesetzes vom 22. März 2000 (GVOBl. M-V S. 126) im Einvernehmen mit dem Innenministerium sowie auf Grund des § 2 Abs. 2 des Verwaltungskostengesetzes des Landes Mecklenburg-Vorpommern vom 4. Oktober 1991 (GVOBl. M-V S. 366, 435) im Einvernehmen mit dem Innenministerium und dem Finanzministerium:

§ 1 Schadensanmeldung und Termin am Schadensort

(1) Im Falle der Anmeldung eines Wild- oder Jagdschadens gemäß §§ 34 und 35 des Bundesjagdgesetzes sowie § 28 des Landesjagdgesetzes hat die örtliche Ordnungsbehörde (Ordnungsbehörde) unverzüglich einen Termin am Schadensort (Ortstermin) zur Feststellung des Wild- und Jagdschadens anzuberaumen.

(2) Zum Ortstermin sind schriftlich zu laden:

- der Geschädigte,
- die zum Schadensersatz gesetzlich Verpflichteten (Jagdgenossenschaft; im Falle von Angliederungen an Eigenjagdbezirke der Eigenjagdbesitzer),
- die Jagdausübungsberechtigten, sofern sie den Schadensersatz ganz oder teilweise zu erstatten haben,

- ein Vertreter der Wildschadensausgleichskasse.

(3) Die Ladung enthält den Hinweis, dass das Feststellungsverfahren unabhängig vom Erscheinen der Geladenen durchgeführt wird und Letztere im Falle ihrer Verhinderung zum Ortstermin einen Vertreter schriftlich bestellen können.

(4) Zum Ortstermin ist ein Schätzer gemäß § 9 beizuziehen.

(5) Über die Durchführung eines Ortstermins ist ein Protokoll zu fertigen.

(6) Ist offenkundig, dass der geltend gemachte Schaden nicht fristgemäß entsprechend § 34 des Bundesjagdgesetzes angemeldet worden ist, so kann die Ordnungsbehörde auch ohne Ortstermin nach Anhörung des Betroffenen den Anspruch auf Schadensersatz durch Vorbescheid als unzulässig zurückweisen.

§ 2 Erneuter Ortstermin

(1) Ist ein landwirtschaftliches Grundstück geschädigt, können der Geschädigte oder die Ersatzverpflichteten beim Ortstermin beantragen, dass der Umfang des Schadens bei einem erneuten Ortstermin, der vor der Ernte liegen muss, festgestellt werden soll. Diesem Antrag ist stattzugeben. Auf Terminvorschlag des Geschädigten lädt die Ordnungsbehörde gemäß § 1 zum erneuten Ortstermin ein.

(2) Soweit der Zustand des landwirtschaftlichen Grundstücks von Bedeutung ist, hat ihn der Schätzer im ersten Ortstermin zu ermitteln (Datenerfassung).

(3) Wird die Feststellung des tatsächlichen Schadensumfangs vor der Ernte versäumt, ist das Feststellungsverfahren auf Grundlage der Datenerfassung des ersten Ortstermins abzuschließen. Dadurch bedingte wirtschaftliche Nachteile wirken sich zu Lasten des Geschädigten aus.

§ 3 Gütliche Einigung

Die Ordnungsbehörde hat bei jedem Ortstermin auf eine gütliche Einigung zwischen dem Geschädigten und dem Ersatzverpflichteten hinzuwirken. Über die Einigung ist eine Niederschrift zu fertigen, die von einem Vertreter der Ordnungsbehörde, dem Geschädigten und den Ersatzverpflichteten zu unterzeichnen ist. Die Niederschrift muss Angaben enthalten über

- Art, Umfang und Zeitpunkt der Schadensfeststellung,
- Art, Umfang und Höhe der Schadensersatzleistung,
- den oder die Ersatzpflichtigen,
- die Verteilung der Kosten des Feststellungsverfahrens und
- die Vollstreckbarkeit.

Eine beglaubigte Abschrift ist allen Beteiligten zuzustellen.

§ 4 Schadensfeststellung

(1) Kommt eine Einigung nach § 3 nicht zustande, so ist der Schaden durch den Schätzer zu ermitteln. Dazu erstellt er ein Gutachten, das insbesondere folgende Angaben enthalten muss:

- den Zeitpunkt der Schadensanmeldung,
- den Zeitraum, in dem der Schaden entstanden ist,
- die Bezeichnung des betroffenen Grundstücks,
- die Bezeichnung der geschädigten Kultur,
- die Schadensursache (Wildart),
- den Umfang des Schadens; bei flächenhaftem Schaden auch die Größe des Schlages, die Gesamtfläche, auf der Schäden aufgetreten sind, sowie die Summe der einzelnen Schadensflächen, die vollständig geschädigt sind,
- den Schadensbetrag und
- die zur Verhütung des Wildschadens erbrachten Leistungen.

Das Gutachten soll die Streitpunkte aufführen, die bisher einer gütlichen Einigung entgegengestanden haben.

(2) Nach Vorlage des Gutachtens führt die Ordnungsbehörde eine Anhörung der Beteiligten durch, bei der erneut eine gütliche Einigung nach § 3 angestrebt werden soll.

§ 5 Vorbescheid

(1) Kommt es nicht zu einer gütlichen Einigung, erlässt die Ordnungsbehörde auf Grund des Gutachtens und der Anhörung nach § 4 einen schriftlichen Vorbescheid, der Ersatzverpflichtete, Ersatzberechtigte und die Höhe des Schadensersatzes benennt. Dem Vorbescheid ist das Gutachten in Kopie beizufügen; er ist zu begründen und hat die Höhe der Kosten des Feststellungsverfahrens und deren Schuldner zu bezeichnen.

(2) Der Vorbescheid ist dem Ersatzberechtigten und den Ersatzverpflichteten zuzustellen, andere Beteiligte erhalten eine Abschrift.

§ 6 Kosten des Feststellungsverfahrens

(1) Kosten des Feststellungsverfahrens sind:

- die Gebühren für Amtshandlungen der Ordnungsbehörde,
- die Auslagen der Ordnungsbehörde nach § 10 Abs. 1 Satz 2 Nr. 1 bis 8 des Verwaltungskostengesetzes des Landes Mecklenburg-Vorpommern und
- der Ersatz von Aufwendungen und die Entschädigungen für Leistungen des Schätzers (§ 9 Abs. 4).

(2) Kosten der Beteiligten werden nicht erstattet.

(3) Gebühren werden für folgende Amtshandlungen erhoben: siehe Tabelle „Gebühren".

Gebühren

Nr.	Amtshandlung	Gebühr in Euro
1.	Erlass eines Vorbescheides (§ 1 Abs. 6) ohne Ortstermin	13,00
2.	Herbeiführung einer gütlichen Einigung (§ 3 und § 4 Abs. 2) auf Grund des ersten Ortstermines	25,50
3.	Herbeiführung einer gütlichen Einigung (§ 3 und § 4 Abs. 2), wenn ein zweiter Ortstermin durchgeführt wurde; bei jedem weiteren Ortstermin erhöht sich die Gebühr um	51,00 25,50
4.	Erlass eines Vorbescheides (§ 5 Abs. 1) nach dem ersten Ortstermin	76,50
5.	Erlass eines Vorbescheides (§ 5 Abs. 1), wenn ein zweiter Ortstermin durchgeführt wurde; bei jedem weiteren Ortstermin erhöht sich die Gebühr um	102,50 25,50

(4) Im Falle der Rücknahme der Anmeldung eines Wild- oder Jagdschadens werden nur Auslagen nach Absatz 1 Buchstabe b und c erhoben.

(5) Bei einer gütlichen Einigung werden die Kosten durch den Ersatzverpflichteten und den Geschädigten jeweils zur Hälfte getragen.

(6) Beim Erlass eines Vorbescheides entscheidet die Ordnungsbehörde nach billigem Ermessen, wer die Kosten trägt. Dabei sind Kosten, die bei sachgemäßer Behandlung der Angelegenheit nicht entstanden wären, dem Beteiligten aufzuerlegen, der sie verursacht hat.

(7) Die Kostenschuld entsteht
- in den Fällen des Absatzes 3 mit der Beendigung der gebührenpflichtigen Amtshandlung und
- im Falle des Absatzes 4 nach Rücknahme der Anmeldung eines Wild- oder Jagdschadens.

§ 7 Klage

(1) Nach Erlass eines Vorbescheides gemäß § 1 Abs. 6 oder § 5 Abs. 1 kann innerhalb von drei Wochen nach Zustellung des Vorbescheides Klage bei dem Amtsgericht, in dessen Bezirk die Ordnungsbehörde ihren Sitz hat, erhoben werden.

(2) Die Klage ist zu richten
- vom Ersatzberechtigten gegen den Ersatzpflichtigen auf Zahlung des verlangten Schadensersatzes oder
- vom Ersatzpflichtigen gegen den Ersatzberechtigten auf Feststellung, dass kein oder ein geringerer Schadensersatz zu leisten ist.

(3) Hält das Gericht den Vorbescheid für fehlerhaft, so hebt es diesen auf und trifft eine eigene Entscheidung. Das Gericht entscheidet dann nach billigem Ermessen über die Kosten des Feststellungsverfahrens.

(4) Die Ordnungsbehörde erhält vom Amtsgericht eine beglaubigte Abschrift der Entscheidung.

§ 8 Zwangsvollstreckung

(1) Ein Vorbescheid gemäß § 1 Abs. 6 oder § 5 Abs. 1 ist drei Wochen nach Zustellung an den Ersatzpflichtigen vollstreckbar, sofern nicht gemäß § 7 Abs. 1 fristgerecht Klage erhoben worden ist.

(2) Aus der Niederschrift über die gütliche Einigung findet die Zwangsvollstreckung nach den Vorschriften der Zivilprozessordnung über die Vollstreckung von Urteilen in bürgerlichen Rechtsstreitigkeiten statt.

(3) Die vollstreckbare Ausfertigung wird von dem Urkundsbeamten der Geschäftsstelle des Amtsgerichts erteilt, in dessen Bezirk die Ordnungsbehörde ihren Sitz hat.

§ 9 Schätzer

(1) Für die forstliche und die landwirtschaftliche Wild- und Jagdschadensschätzung bestellt der Landrat des Landkreises oder der Oberbürgermeister der kreisfreien Stadt als untere Jagdbehörde bei den jeweiligen Ordnungsbehörden geeignete Schätzer.

(2) Für die Bestellung eines Schätzers gilt:

- die Bestellung erfolgt schriftlich und ist jederzeit widerruflich,
- sein Hauptwohnsitz soll im Landkreis oder in der kreisfreien Stadt liegen,
- er muss über Fachkenntnisse, praktische Erfahrungen und die Fähigkeit, Gutachten zu erstellen, verfügen,
- er muss die Gewähr für die Unparteilichkeit und Unabhängigkeit sowie für die Einhaltung der Pflichten eines öffentlich bestellten Schätzers bieten.

(3) Die Schätzer sind mit ihrer Bestellung zu verpflichten, dass sie ihre Tätigkeit unparteiisch und nach bestem Wissen und Gewissen durchzuführen haben.

(4) Die Ordnungsbehörde ersetzt dem Schätzer seine Aufwendungen und entschädigt ihn für seine Leistungen. Für den Fahrtkostenersatz gelten die Vorschriften des § 9 des Gesetzes für die Entschädigung von Zeugen und Sachverständigen in der Fassung vom 1. Oktober 1969 (BGBl. I S. 1756), zuletzt geändert durch Artikel 13 des Gesetzes vom 13. Juli 2001 (BGBl. I S. 1542), entsprechend; [Anmerkung: abgelöst durch das Justizvergütungs- und -entschädigungsgesetz vom 5. Mai 2004] eine Entschädigung wird wie folgt gewährt: siehe Tabelle „Entschädigungssätze".

Entsprechend der Schwierigkeit und der besonderen Umstände, unter der die Datenerfassung entsprechend § 2 oder das Gutachten zu erarbeiten war, kann die Ordnungsbehörde die Entschädigungssätze um bis zu 50 vom Hundert erhöhen.

Entschädigungssätze

Nr.	Tätigkeit	Entschädigung in Euro
1.	für jede angefangene Stunde der Teilnahme am Ortstermin	13,00
2.	Datenerfassung gemäß § 2 Abs. 2	25,50
3.	Anfertigung eines Gutachtens gemäß § 4	76,50

§ 10 Inkrafttreten, Außerkrafttreten

(1) Diese Verordnung tritt am Tag nach ihrer Verkündung in Kraft.

(2) Gleichzeitig tritt die Verordnung über das Feststellungsverfahren in Wild- und Jagdschadensachen vom 6. Juli 1993 (GVOBl. M-V S. 695) außer Kraft.

2.8.1 Ersatzpflichtige Wildarten

Ersatzpflichtig sind alle Schäden, die durch Schalenwild nach § 2, Absatz 3 BJagdG, also Wisente, Elch-, Rot-, Dam-, Sika-, Reh-, Gams-, Stein-, Muffel- und Schwarzwild sowie Wildkaninchen an ersatzpflichtigen Kulturen entstanden sind.

Es ist möglich, im Jagdpachtvertrag weitere Wildarten aufzunehmen, für deren Schäden Ersatzpflicht besteht.

2.8.2 Ersatzpflichtige Kulturen

Ersatzpflichtig sind alle landwirtschaftlichen Kulturen. Schäden an Weintrauben sind nicht ersatzpflichtig. Schäden an Kulturen des Erwerbsgartenbaus, des Erwerbsobstbaus und Christbaumkulturen sind nicht ersatzpflichtig, außer diese waren durch übliche Schutzvorrichtungen hinreichend gesichert. (§32 Abs. 2 BJagdG).

2.8.3 Systematik der Schadensregulierung

Schadensersatz fordern kann der geschädigte Eigentümer eines Grundstückes oder der Nutzungsberechtigte (z. B.: Pächter). Generell soll eine einvernehmliche Regelung zwischen den Beteiligten angestrebt werden. Ist davon nicht auszugehen, ist der Schaden innerhalb einer Woche nach Kenntnisnahme bei der zuständigen Gemeinde zu melden. Die Meldung muss schriftlich oder zur Niederschrift erfolgen.

Die Gemeinde leitet ein Vorverfahren ein und beraumt dazu einen Vorort-Termin mit den Beteiligten, einem Wildschadensschätzer und einem Vertreter der Wildschadensausgleichskasse ein. Sollte eine Einigung erzielt werden, wird ein Protokoll darüber angefertigt und den Beteiligten übersandt.

Alle Beteiligten können verlangen, dass eine weitere Begehung kurz vor der Ernte stattfindet, um den Schaden dann zu beurteilen.

Basierend auf dem Gutachten des Schätzers erlässt die Gemeinde einen schriftlichen Vorbescheid. Daraus ergibt sich, ob und in welcher Höhe ein ersatzpflichtiger Schaden vorliegt. Ebenso beinhaltet der Vorbescheid eine Regelung über die Höhe der Verfahrens- und Schätzerkosten sowie deren Aufteilung. Ist eine der Parteien mit diesem Bescheid nicht einverstanden, öffnet sich ihr der Klageweg. Die Klage ist innerhalb drei Wochen nach Erlass des Vorbescheides beim zuständigen Amtsgericht einzureichen. Hiervon unberührt sind die Kosten und deren Verteilung im Vorbescheid.

2.9 Niedersachsen

Niedersächsisches Jagdgesetz (NJagdG) vom 16. März 2001 (Nds. GVBl. Nr. 7/2001 S. 100) – VORIS 79200 02,
geändert durch Artikel 5 des Gesetzes v. 16.12.2004 (Nds. GVBl. Nr. 42/2004 S. 616),
geändert durch Artikel 6 des Gesetzes v. 10.11.2005 (Nds. GVBl. Nr. 23/2005 S. 334),
geändert durch Artikel 1 des Gesetzes v. 13.12.2007 (Nds. GVBl. Nr. 40/2007 S. 708),
geändert durch Artikel 2 des Gesetzes vom 17.12.2010 (Nds. GVBl. S. 624)
zuletzt geändert durch Artikel 14 des Gesetzes vom 13.10.2011 (Nds. GVBl. S. 353)
7. Abschnitt – Wild- und Jagdschaden
2. Unterabschnitt – Wild- und Jagdschadensersatz

§ 34 Wildschadensersatz, Schutzvorrichtungen
Die oberste Jagdbehörde wird ermächtigt, durch Verordnung

1. Bestimmungen über die Verpflichtung zur Leistung von Wildschadensersatz in den Fällen des § 32 Abs. 2 Satz 1 des Bundesjagdgesetzes zu erlassen, soweit dies mit Rücksicht auf die Interessen der Land- und Forstwirtschaft erforderlich erscheint, und

2. zu bestimmen, welche Schutzvorrichtungen nach § 32 Abs. 2 Satz 2 des Bundesjagdgesetzes als üblich anzusehen sind.

§ 35 Feststellungsverfahren
Wegen eines Wild- oder Jagdschadens kann der ordentliche Rechtsweg nur beschritten werden, wenn zuvor ein Feststellungsverfahren bei der Gemeinde stattgefunden hat. Die Einzelheiten des Verfahrens und die Kostentragung werden durch Verordnung der obersten Jagdbehörde und des für Justiz zuständigen Ministeriums geregelt.

Verordnung über das Vorverfahren in Wild- und Jagdschadenssachen (WJSchadVO) vom 16. März 1999 (Nds. GVBl. Seite 98). Aufgrund des Artikels 39 des Landesjagdgesetzes in der Fassung vom 24. Februar 1978 (Nds. GVBl. S. 217), zuletzt geändert durch Artikel 33 des Gesetzes vom 22. März 1990 (Nds. GVBl. S. 101)

Es wird verordnet:

§ 1
Für die Durchführung des Vorverfahrens in Wild- und Jagdschadenssachen ist die Gemeinde örtlich zuständig, in deren Gebiet das Grundstück liegt, an dem der Schaden entstanden ist.

§ 2
Die Gemeinden berufen ehrenamtliche Sachverständige für Wild- und Jagdschäden jeweils für die Dauer von fünf Jahren auf Widerruf. Für die Feststellung von Schäden an Waldbäumen beruft die Gemeinde im Einzelfall eine forstsachverständige Person. Für die sachverständigen Personen gelten die §§ 83 bis 86 sowie die §§ 20 und 21 des Verwaltungsverfahrensgesetzes entsprechend.

§ 3
(1) Der Anmeldung eines Wild- und Jagdschadens soll ein nicht förmliches Einigungsgespräch der Beteiligten vorausgehen. Wird ein Wild- oder Jagdschaden angemeldet und damit die Durchführung des Vorverfahrens beantragt, so setzt die Gemeinde auf übereinstimmenden Vorschlag der antragstellenden Person und einer von dieser benannten ersatzpflichtigen Person (Beteiligte), ansonsten unverzüglich, einen Ortstermin an und lädt dazu die Beteiligten. Beteiligte können sich mit schriftlicher Vollmacht vertreten lassen; hierauf ist in der Ladung hinzuweisen.

(2) Die Gemeinde soll zu dem Ortstermin eine sachverständige Person hinzuziehen; auf Antrag einer beteiligten Person ist sie dazu verpflichtet. Bei der Hinzuziehung einer sachverständigen Person kann auch im Fall des Nichterscheinens einer beteiligten Person ein Vorbescheid ergehen. In der Ladung ist hierauf hinzuweisen.

§ 4
In dem Termin ist zunächst festzustellen, ob ein Schaden entstanden und fristgerecht angemeldet worden ist. Ist der Schaden zu spät angemeldet worden, so weist die Gemeinde durch Vorbescheid den Antrag als unzulässig zurück.

§ 5

(1) Ist der Wild- und Jagdschaden fristgerecht angemeldet worden, so wirkt die Gemeinde auf eine Einigung der Beteiligten hin.

(2) Bei einer Einigung nimmt die Gemeinde die Erklärungen der Beteiligten in einer von diesen und ihr zu unterzeichnenden Niederschrift auf und stellt diese den Beteiligten zu.

§ 6

(1) Besteht im Fall der Nichteinigung nach dem Ergebnis der Verhandlung und der Schätzung durch eine sachverständige Person ein Anspruch auf Schadensersatz, so erlässt die Gemeinde darüber einen Vorbescheid. Ist ein Anspruch nicht gegeben, so wird dieser durch Vorbescheid als unbegründet zurückgewiesen. Der Vorbescheid soll eine Begründung enthalten. Die Gemeinde nimmt eine Niederschrift über den wesentlichen Verhandlungsablauf auf.

(2) Der Vorbescheid und die Niederschrift sind den Beteiligten zuzustellen.

(3) Wenn sich beschädigte landwirtschaftliche Saaten oder Gewächse bis zur Ernte noch wesentlich erholen werden, aber die sachverständige Person schon in dem Termin die vor Erntebeginn bestehende Höhe des Schadens abschätzen kann, erteilt die Gemeinde einen Vorbescheid. Ist die Höhe des Schadens erst unmittelbar vor der Ernte festzustellen, so ist der zunächst erkennbare Schaden nur insofern in der Niederschrift festzuhalten, als dies zur Beweissicherung erforderlich ist.

(4) Einigen sich die Beteiligten nicht und ergeht im ersten Termin auch kein Vorbescheid, weil ausnahmsweise keine sachverständige Person anwesend ist oder weil nach Absatz 3 Satz 2 der endgültige Schaden erst unmittelbar vor der Ernte festgestellt werden kann, so lädt die Gemeinde die Beteiligten und eine sachverständige Person zu einem zweiten Ortstermin zum Erlass eines Vorbescheids.

§ 7

(1) Die Gemeinde bestimmt in der Einigungsniederschrift oder in dem Vorbescheid nach billigem Ermessen unter Berücksichtigung des Sach- und Streitstands, welche beteiligte Person die Kosten des Vorverfahrens (Gebühren und Auslagen) zu tragen hat oder in welchem Verhältnis die Beteiligten die Kosten des Verfahrens zu tragen haben und setzt die Kosten fest. Die den Beteiligten entstandenen Aufwendungen werden nicht erstattet.

(2) Gebühren werden erhoben für die Durchführung des Vorverfahrens

1. mit Einigung (§ 5 Abs. 2) in Höhe von 60 bis 190 Euro,

2. mit Vorbescheid bei Nichteinigung (§ 4 Satz 2 oder § 6 Abs. 1) in Höhe von 60 bis 375 Euro.

Ihre Bemessung richtet sich nach dem Verwaltungsaufwand der Gemeinde. Im Übrigen sind hinsichtlich der Erhebung der Gebühren und der Erstattung der notwendigen Auslagen der Gemeinde die §§ 6 bis 8, 11, 13 Abs. 1 Satz 1 und Abs. 2 des Niedersächsischen Verwaltungskostengesetzes entsprechend anzuwenden. Die Kosten können im Verwaltungszwangsverfahren beigetrieben werden.

§ 8

(1) Gegen den Vorbescheid steht den Beteiligten die Klage zu. Die Klage ist innerhalb einer Notfrist von zwei Wochen nach Zustellung des Vorbescheids bei dem ordentlichen Gericht zu erheben, in dessen Bezirk die mit dem Verfahren befasste Gemeinde liegt. Das Gericht prüft nicht die formelle Rechtmäßigkeit des Vorbescheids.

(2) Das Gericht ändert den Vorbescheid oder weist die Klage ab. Es entscheidet auch darüber, wer die Kosten des Verfahrens zu tragen hat (§ 7 Abs. 1 Satz 1).

(3) Das Gericht übersendet der Gemeinde eine Ausfertigung seines Urteils.

§ 9

(1) Aus der Niederschrift über die Einigung (§ 5 Absatz 2) oder dem unanfechtbar gewordenen Vorbescheid findet die Zwangsvollstreckung nach den Vorschriften der Zivilprozessordnung über die Zwangsvollstreckung aus Vergleichen statt, die vor Gütestellen der in § 794 Abs. 1 Nr. 1 der Zivilprozessordnung bezeichneten Art geschlossen sind.

(2) Für die Erteilung der Vollstreckungsklausel ist das Amtsgericht zuständig, zu dessen Bezirk die Gemeinde gehört.

§ 10

(1) Diese Verordnung tritt am Tage nach ihrer Verkündung in Kraft.

(2) Gleichzeitig tritt die Verordnung über das Vorverfahren in Wild- und Jagdschadenssachen vom 4. August 1953 (Nds. GVBl. Sb. I S. 722) außer Kraft.

2.9.1 Ersatzpflichtige Wildarten

Ersatzpflichtig sind alle Schäden, die durch Schalenwild nach § 2, Absatz 3 BJagdG, also Wisente, Elch-, Rot-, Dam-, Sika-, Reh-, Gams-, Stein-, Muffel- und Schwarzwild sowie Wildkaninchen an ersatzpflichtigen Kulturen entstanden sind.

Es ist möglich, im Jagdpachtvertrag weitere Wildarten aufzunehmen, für deren Schäden Ersatzpflicht besteht.

2.9.2 Ersatzpflichtige Kulturen

Ersatzpflichtig sind alle landwirtschaftlichen Kulturen. Schäden an Weintrauben sind nicht ersatzpflichtig. Schäden an Kulturen des Erwerbsgartenbaus, des Erwerbsobstbaus und Christbaumkulturen sind nicht ersatzpflichtig, außer diese waren durch übliche Schutzvorrichtungen hinreichend gesichert. (§32 Abs. 2 BJagdG).

2.9.3 Systematik der Schadensregulierung

Schadensersatz fordern kann der geschädigte Eigentümer eines Grundstückes oder der Nutzungsberechtigte (z. B.: Pächter). Generell soll eine einvernehmliche Regelung zwischen den Beteiligten angestrebt werden. Ist davon nicht auszugehen, ist der Schaden innerhalb einer Woche nach Kenntnisnahme bei der zuständigen Gemeinde zu melden. Die Meldung muss schriftlich oder zur Niederschrift erfolgen.

Die Gemeinde leitet ein Vorverfahren ein und beraumt dazu einen Vorort-Termin mit den Beteiligten und einem Wildschadensschätzer ein. Sollte eine Einigung erzielt werden, wird ein Protokoll darüber angefertigt und den Beteiligten übersandt.

Alle Beteiligten können verlangen, dass eine weitere Begehung kurz vor der Ernte stattfindet, um den Schaden dann zu beurteilen.

Basierend auf dem Gutachten des Schätzers erlässt die Gemeinde einen schriftlichen Vorbescheid. Daraus ergibt sich, ob und in welcher Höhe ein ersatzpflichtiger Schaden vorliegt. Ebenso beinhaltet der Vorbescheid eine Regelung über die Höhe der Verfahrens- und Schätzerkosten sowie deren Aufteilung. Ist eine der Parteien mit diesem Bescheid nicht einverstanden, öffnet sich ihr der Klageweg. Die Klage ist innerhalb zwei Wochen nach Erlass des Vorbescheides beim zuständigen Amtsgericht einzureichen. Hiervon unberührt sind die Kosten und deren Verteilung im Vorbescheid.

2.10 Nordrhein-Westfalen

Zweites Gesetz zur Änderung des Landesjagdgesetzes Nordrhein-Westfalen und zur Änderung anderer Vorschriften (Ökologisches Jagdgesetz) 792
Artikel 1 Änderung des Landesjagdgesetzes Nordrhein-Westfalen
Das Landesjagdgesetz Nordrhein-Westfalen in der Fassung der Bekanntmachung vom 7. Dezember 1994 (GV. NRW. 1995 S. 2, ber. 1997 S. 56), das zuletzt durch Artikel 1 des Gesetzes vom 1. April 2014 (GV. NRW. S. 254) geändert worden ist, wird wie folgt geändert:

§ 32 Schadensersatzpflicht (zu § 29 Abs. 4 BJG)
Das Ministerium wird ermächtigt, nach Anhörung des Ausschusses für Landwirtschaft, Forsten und Naturschutz des Landtags durch Rechtsverordnung die Wildschadensersatzpflicht auf Wildarten auszudehnen,

die wie Schalenwild, Wildkaninchen oder Fasanen Grundstücke beschädigen.

§ 34 Anmeldung von Wild- und Jagdschäden (zu § 34 BJG)
Zuständige Behörde für die Anmeldung von Wild- und Jagdschäden ist die Gemeinde, in deren Gebiet das Grundstück liegt, auf dem der Schaden entstanden ist.

Ist die nach Absatz 1 zuständige Gemeinde Eigentümerin des beschädigten Grundstücks, so ist die zuständige Behörde die Aufsichtsbehörde der Gemeinde.

§ 35 Vorverfahren (zu § 35 BJG)
In Wild- und Jagdschadenssachen kann der ordentliche Rechtsweg erst beschritten werden, wenn das Feststellungsverfahren (§§ 36 bis 41) durchgeführt ist.

Ist die nach § 34 Abs.1 zuständige Gemeinde als Inhaberin eines Eigenjagdbezirks oder als Notvorstand einer ersatzpflichtigen Jagdgenossenschaft an dem Verfahren beteiligt oder ist der Wildschaden bei der Aufsichtsbehörde anzumelden (§ 34 Abs. 2), so bestimmt die Aufsichtsbehörde die für die Durchführung des Feststellungsverfahrens zuständige Gemeinde.

Lehnt die Gemeinde die Durchführung des Feststellungsverfahrens ab, weil der geltend gemachte Schaden nicht fristgerecht angemeldet worden ist oder kein ersatzpflichtiger Wild- oder Jagdschaden ist, so ist dem Geschädigten ein begründeter Bescheid zu erteilen.

§ 36 Wildschadenschätzer
Zur Abschätzung von Wild- und Jagdschäden bestellt die untere Jagdbehörde Wildschadenschätzer. Für jede Gemeinde sind mindestens ein Schätzer und ein Stellvertreter widerruflich für fünf Jahre zu bestellen.

Die untere Jagdbehörde verpflichtet die Schätzer durch Handschlag, ihre Aufgabe unparteiisch und nach bestem Wissen und Gewissen zu erfüllen. Ist der Schätzer oder eine in gerader oder in der Seitenlinie 1. Grades mit ihm verwandte Person oder sein Ehegatte an einem Wildschadenverfahren beteiligt, so ist er von der Feststellung des Schadens ausgeschlossen.

Zur Abschätzung von Wild- und Jagdschäden an Forstpflanzen bestellt die untere Jagdbehörde als Schätzer Forstsachverständige. Absatz 1 Satz 2 und Absatz 2 gelten entsprechend.

Sind sowohl der zuständige Schätzer als auch sein Stellvertreter verhindert, an dem Feststellungsverfahren mitzuwirken, so kann die Gemeinde den für eine Nachbargemeinde bestellten Schätzer hinzuziehen.

§ 37 Termin am Schadensort

Ist ein Wild- oder Jagdschaden rechtzeitig (§ 34 Bundesjagdgesetz) angemeldet, so beraumt die Gemeinde unverzüglich einen Termin am Schadensort an, um eine gütliche Einigung herbeizuführen.

Die Beteiligten sind in der Ladung darauf hinzuweisen, dass im Falle des Nichterscheinens mit der Ermittlung des Schadens begonnen wird. Beteiligt sind die Geschädigten und die zum Schadenersatz Verpflichteten einschließlich der Jagdpächter, die einen Schaden ganz oder teilweise zu erstatten haben.

Der Schätzer soll zu dem Termin geladen werden, wenn ein Beteiligter dies beantragt.

Jeder Beteiligte kann in dem Termin beantragen, dass der Schaden in einem weiteren, kurz vor der Ernte abzuhaltenden Termin festgestellt werden soll. Dem Antrag muss stattgegeben werden, wenn die Höhe des Schadens im Zeitpunkt des Termins noch nicht einwandfrei festgestellt werden kann. Die Ermittlung Ist jedoch soweit durchzuführen, als dies zur endgültigen Feststellung des Schadens notwendig ist. Über die Verhandlung ist eine Niederschrift aufzunehmen.

§ 38 Gütliche Einigung

Kommt in dem Termin am Schadensort eine gütliche Einigung zustande, so ist darüber eine Niederschrift aufzunehmen und von allen Beteiligten sowie dem Vertreter der Gemeinde zu unterzeichnen. Die Niederschrift muss die Art, die Höhe und den Zeitpunkt der Erstattung des Schadens enthalten und ist den Beteiligten zuzustellen.

Aus der Niederschrift über die gütliche Einigung findet die Zwangsvollstreckung nach den Vorschriften der Zivilprozessordnung über die Vollstreckung von Urteilen in bürgerlichen Rechtsstreitigkeiten statt.

Die vollstreckbare Ausfertigung wird von dem Urkundsbeamten der Geschäftsstelle des Amtsgerichts erteilt, in dessen Bezirk die Gemeinde ihren Sitz hat. Dieses Amtsgericht tritt in den Fällen der §§ 731, 767 bis 770, 785, 786 und 791 der Zivilprozessordnung an die Stelle des Prozessgerichts.

§ 39 Schadensfeststellung

Kommt eine Einigung nicht zustande, so ist der Schaden auf Antrag eines Beteiligten zu schätzen. Ist der Schätzer im Termin am Schadensort (§ 37) nicht anwesend, so ist ein neuer Termin anzuberaumen, zu dem auch der Schätzer zu laden ist. Der Schätzer stellt den entstandenen Schaden auf Grund der Verhandlungen fest. Er hat über die Schätzung ein schriftliches Gutachten abzugeben, das folgende Angaben enthalten muss:

- Die Bezeichnung und Kulturart des beschädigten Grundstücks,
- die Wildart, die den Schaden verursacht hat,

- den Umfang des Schadens nach Flächengröße und Anteil der beschädigten Fläche,
- den Schadensbetrag.

Aufgrund der Schätzung und unter Berücksichtigung des Ergebnisses der Verhandlung, versucht die Gemeinde erneut eine gütliche Einigung der Beteiligten.

Kommt eine gütliche Einigung zustande, gilt § 38; anderenfalls ist den Beteiligten eine Niederschrift über das Scheitern des Vorverfahrens mit einer Belehrung über die Frist für die Klageerhebung (§ 41) zuzustellen.

§ 40 Kosten des Vorverfahrens

Kosten des Vorverfahrens sind nur die Vergütungen und Reisekosten des Schätzers sowie die Auslagen der Gemeinde. Die Beteiligten tragen die ihnen entstandenen Kosten selbst.

Der Minister wird ermächtigt, durch Rechtsverordnung Bestimmungen über die Vergütungen und die erstattungsfähigen Reisekosten der Schätzer zu erlassen.

Die Gemeinde setzt die Kosten des Vorverfahrens fest. Sie verteilt sie nach billigem Ermessen, falls hierüber eine gütliche Einigung nicht zustande gekommen ist. Die Kosten können auch festgesetzt und verteilt werden, wenn das Vorverfahren nicht zu Ende geführt worden ist.

Findet ein gerichtliches Nachverfahren statt, so sind die Kosten des Vorverfahrens, die von einem Beteiligten auf Grund des Kostenfestsetzungsbescheides der Gemeinde gezahlt worden sind, erstattungsfähig im Sinne des § 91 der Zivilprozessordnung.

§ 41 Gerichtliches Nachverfahren

Ist in dem Vorverfahren eine gütliche Einigung nicht zustande gekommen, so kann der Geschädigte binnen einer Notfrist von zwei Wochen seit der Zustellung der Niederschrift, in der das Scheitern des Güteversuchs festgestellt worden ist, Klage erheben.

Änderung der Landesjagdgesetzdurchführungsverordnung: Die Landesjagdgesetzdurchführungsverordnung vom 31. März 2010 (GV. NRW. S. 238), Teil 3 Wild- und Jagdschaden, die zuletzt durch Artikel 4 des Gesetzes vom 1. April 2014 (GV. NRW. S. 254) geändert worden ist, wird wie folgt geändert:

§ 37 Schutzvorrichtungen

Als übliche Schutzvorrichtungen, die unter gewöhnlichen Umständen zur Abwendung von Wildschäden ausreichen (§ 32 Absatz 2 Bundesjagdgesetz), sind außer anderen üblichen geeigneten Mitteln wilddichte Zäune gegen

1. Rot-, Dam-, Sika- und Muffelwild in Höhe von 1,80 m,
2. Rehwild in Höhe von 1,50 m,
3. Schwarzwild und Kaninchen in Höhe von 1,20 m über der Erde und 0,30 m in der Erde anzusehen.

2.10.1 Ersatzpflichtige Wildarten

Ersatzpflichtig sind alle Schäden, die durch Schalenwild nach § 2, Absatz 3 BJagdG, also Wisente, Elch-, Rot-, Dam-, Sika-, Reh-, Gams-, Stein-, Muffel- und Schwarzwild sowie Wildkaninchen an ersatzpflichtigen Kulturen entstanden sind.

Es ist möglich, im Jagdpachtvertrag weitere Wildarten aufzunehmen, für deren Schäden Ersatzpflicht besteht.

2.10.2 Ersatzpflichtige Kulturen

Ersatzpflichtig sind alle landwirtschaftlichen Kulturen. Schäden an Rebanlagen sind nicht ersatzpflichtig. Schäden an Kulturen des Erwerbsgartenbaus, des Erwerbsobstbaus und Christbaumkulturen sind nicht ersatzpflichtig, außer diese waren durch übliche Schutzvorrichtungen hinreichend gesichert. (§32 Abs. 2 BJagdG).

2.10.3 Systematik der Schadensregulierung

Schadensersatz fordern kann der geschädigte Eigentumer eines Grundstückes oder der Nutzungsberechtigte (z. B.: Pächter). Generell soll eine einvernehmliche Regelung zwischen den Beteiligten angestrebt werden. Ist davon nicht auszugehen, ist der Schaden innerhalb einer Woche nach Kenntnisnahme bei der zuständigen Gemeinde zu melden. Die Meldung muss schriftlich oder zur Niederschrift erfolgen.

Die Gemeinde leitet ein Vorverfahren ein und beraumt dazu einen Vorort-Termin mit den Beteiligten und auf Verlangen einem Wildschadensschätzer ein. Sollte eine Einigung erzielt werden, wird ein Protokoll darüber angefertigt und den Beteiligten übersandt.

Alle Beteiligten können verlangen, dass eine weitere Begehung kurz vor der Ernte stattfindet, um den Schaden dann zu beurteilen.

Basierend auf dem Gutachten des Schätzers erlässt die Gemeinde einen schriftlichen Vorbescheid. Daraus ergibt sich, ob und in welcher Höhe ein ersatzpflichtiger Schaden vorliegt. Ebenso beinhaltet der Vorbescheid eine Regelung über die Höhe der Verfahrens- und Schätzerkosten sowie deren Aufteilung. Ist eine der Parteien mit diesem Bescheid nicht einverstanden, öffnet sich ihr der Klageweg. Die Klage ist innerhalb von zwei Wochen nach Erlass des Vorbescheides beim zuständigen Amtsgericht einzureichen. Hiervon unberührt sind die Kosten und deren Verteilung im Vorbescheid.

2.11 Rheinland-Pfalz

Landesjagdgesetz (LJG) vom 9. Juli 2010. Zum 21.06.2016 aktuellste verfügbare Fassung der Gesamtausgabe

§ 39 Schadensersatzpflicht bei Wildschaden

(1) Wird eine Grundfläche, die zu einem gemeinschaftlichen Jagdbezirk gehört oder einem gemeinschaftlichen Jagdbezirk angegliedert ist, durch Schalenwild, Wildkaninchen oder Fasanen beschädigt, so hat die Jagdgenossenschaft der geschädigten Person den Wildschaden zu ersetzen. Der aus dem Vermögen der Jagdgenossenschaft geleistete Ersatz ist von den einzelnen Mitgliedern der Jagdgenossenschaft nach dem Verhältnis des Flächeninhaltes ihrer beteiligten Grundflächen zu tragen. Bei Jagdverpachtung haftet die pachtende Person, wenn diese sich im Jagdpachtvertrag zum Ersatz des Wildschadens verpflichtet hat. In diesem Falle haftet die Jagdgenossenschaft nur, soweit die geschädigte Person keinen Ersatz von der pachtenden Person erlangen kann. Die Ansprüche der Jagdgenossenschaft gegen ihre Mitglieder werden nach § 11 Abs. 6 beigetrieben.

(2) Wildschaden durch Schalenwild, Wildkaninchen oder Fasanen an Grundflächen, die einem Eigenjagdbezirk angegliedert sind, hat die Eigentümerin oder der Eigentümer oder die nutznießende Person des Eigenjagdbezirkes zu ersetzen. Bei Jagdverpachtung haftet die pachtende Person, wenn diese sich im Jagdpachtvertrag zum Ersatz des Wildschadens verpflichtet hat. In diesem Falle haftet die Eigentümerin oder der Eigentümer oder die nutznießende Person nur, soweit die geschädigte Person keinen Ersatz von der pachtenden Person erlangen kann.

(3) Bei Grundflächen, die zu einem Eigenjagdbezirk gehören, richtet sich, abgesehen von den Fällen des Absatzes 2, die Verpflichtung zum Ersatz von Wildschaden nach dem zwischen der geschädigten Person und der jagdausübungsberechtigten Person bestehenden Rechtsverhältnis. Sofern nichts Anderes bestimmt ist, ist die jagdausübungsberechtigte Person ersatzpflichtig, wenn diese durch unzulänglichen Abschuss den Schaden verschuldet hat.

(4) Wird durch ein aus einem Gehege ausgetretenes und dort gehegtes Stück Schalenwild Wildschaden angerichtet, so ist ausschließlich die Person zum Ersatz verpflichtet, der als jagdausübungsberechtigte Person, Eigentümerin, Eigentümer oder nutznießende Person die Aufsicht über das Gehege obliegt.

(5) Wildschaden an Grundflächen, auf denen die Jagd ruht oder nicht ausgeübt werden darf, wird nicht erstattet. Diese Grundflächen bleiben bei der Berechnung der anteiligen Ersatzleistung gemäß Absatz 1 Satz 2 außer Ansatz.

§ 40 Umfang der Ersatzpflicht bei Wildschaden

(1) Nach § 39 Abs. 1 bis 4 ist auch der Wildschaden zu ersetzen, der an den getrennten, aber noch nicht eingeernteten Erzeugnissen einer Grundfläche eintritt.

(2) Werden Bodenerzeugnisse, deren voller Wert sich erst zur Zeit der Ernte bemessen lässt, vor diesem Zeitpunkt durch Wild beschädigt, so ist der Wildschaden in dem Umfang zu ersetzen, wie er sich zur Zeit der Ernte darstellt. Bei der Feststellung der Schadenshöhe ist jedoch zu berücksichtigen, ob der Schaden nach den Grundsätzen einer ordentlichen Wirtschaft durch Wiederanbau im gleichen Wirtschaftsjahr ausgeglichen werden kann.

§ 41 Schutzvorrichtungen gegen Wildschaden

(1) Ein Anspruch auf Ersatz von Wildschaden ist nicht gegeben, wenn die geschädigte Person die zur Abwehr von Wildschaden getroffenen Maßnahmen unwirksam macht.

(2) Weinberge, Gärten, Obstgärten, Baumschulen, Alleen, einzeln stehende Bäume sowie Forstkulturen anderer als der im Jagdbezirk vorkommenden Hauptholzarten und Freilandpflanzungen von Garten- oder hochwertigen Handelsgewächsen gelten als Sonderkulturen im Sinne dieses Gesetzes. Wildschaden, der an Sonderkulturen entsteht, wird nicht ersetzt, wenn die Herstellung von üblichen Schutzvorrichtungen unterblieben ist, die unter gewöhnlichen Umständen zur Abwendung des Schadens ausreichen.

§ 43 Geltendmachung des Schadens, Verfahren in Wild- und Jagdschadenssachen

(1) Der Anspruch auf Ersatz von Wild- oder Jagdschaden erlischt, wenn die geschädigte Person den Schadensfall nicht binnen einer Woche, nachdem sie von dem Schaden Kenntnis erhalten hat oder bei Beachtung gehöriger Sorgfalt erhalten hätte, bei der für die beschädigte Grundfläche zuständigen Gemeindeverwaltung der verbandsfreien Gemeinde, Verbandsgemeindeverwaltung oder Stadtverwaltung der kreisfreien oder großen kreisangehörigen Stadt anmeldet. Die verbandsfreien Gemeinden, die Verbandsgemeinden sowie die kreisfreien und großen kreisangehörigen Städte nehmen die Aufgabe als Auftragsangelegenheit wahr. Bei Schaden an forstwirtschaftlich genutzten Grundflächen genügt es, wenn er zweimal im Jahr, jeweils bis zum 1. Mai oder 1. Oktober, bei der Gemeindeverwaltung der verbandsfreien Gemeinde, Verbandsgemeindeverwaltung oder Stadtverwaltung der kreisfreien oder großen kreisangehörigen Stadt angemeldet wird. Die Anmeldung soll die als ersatzpflichtig in Anspruch genommene Person bezeichnen.

(2) Vor Beschreiten des ordentlichen Rechtsweges in Wild- und Jagdschadenssachen ist ein Feststellungsverfahren (Vorverfahren) vor

der zuständigen Gemeindeverwaltung der verbandsfreien Gemeinde, Verbandsgemeindeverwaltung oder Stadtverwaltung der kreisfreien oder großen kreisangehörigen Stadt durchzuführen, in dem über den Anspruch eine vollstreckbare Verpflichtungserklärung (Anerkenntnis, Vergleich) aufzunehmen oder eine nach Eintritt der Rechtskraft vollstreckbare Entscheidung (Vorbescheid) zu erlassen ist. Die verbandsfreien Gemeinden, die Verbandsgemeinden sowie die kreisfreien und großen kreisangehörigen Städte nehmen die Aufgabe als Auftragsangelegenheit wahr. Gegen den Vorbescheid kann innerhalb einer Notfrist von einem Monat nach dessen Zustellung Klage vor den ordentlichen Gerichten erhoben werden. Wird die Durchführung des Vorverfahrens abgelehnt oder ein Vorbescheid ohne ausreichenden Grund in angemessener Frist nicht erlassen, so ist die Klage abweichend von Satz 2 zulässig.

(3) Die für das Vorverfahren zu erhebenden Kosten werden den Beteiligten entsprechend dem Verhältnis ihres Obsiegens und Unterliegens auferlegt. Eine Kostenerstattung findet nicht statt.

2.11.1 Ersatzpflichtige Wildarten

Ersatzpflichtig sind alle Schäden, die durch Schalenwild nach § 2, Absatz 3 BJagdG, also Wisente, Elch-, Rot-, Dam-, Sika-, Reh-, Gams-, Stein-, Muffel- und Schwarzwild sowie Wildkaninchen an ersatzpflichtigen Kulturen entstanden sind.

Es ist möglich, im Jagdpachtvertrag weitere Wildarten aufzunehmen, für deren Schäden Ersatzpflicht besteht.

2.11.2 Ersatzpflichtige Kulturen

Ersatzpflichtig sind alle landwirtschaftlichen Kulturen. Schäden an Sonderkulturen, wie Rebanlagen, Erwerbsgartenbau, Erwerbsobstbaus, Christbaumkulturen, etc. sind nicht ersatzpflichtig, außer diese waren durch übliche Schutzvorrichtungen hinreichend gesichert. (§32 Abs. 2 BJagdG).

2.11.3 Systematik der Schadensregulierung

Schadensersatz fordern kann der geschädigte Eigentümer eines Grundstückes oder der Nutzungsberechtigte (z. B.: Pächter). Generell soll eine einvernehmliche Regelung zwischen den Beteiligten angestrebt werden. Ist davon nicht auszugehen, ist der Schaden innerhalb einer Woche nach Kenntnisnahme bei der zuständigen Gemeinde zu melden. Die Meldung muss schriftlich oder zur Niederschrift erfolgen.

Die Gemeinde leitet ein Vorverfahren ein und beraumt dazu einen Vorort-Termin mit den Beteiligten und auf Verlangen einem Wildschadensschätzer ein. Sollte eine Einigung erzielt werden, wird ein Protokoll darüber angefertigt und den Beteiligten übersandt.

Alle Beteiligten können verlangen, dass eine weitere Begehung kurz vor der Ernte stattfindet, um den Schaden dann zu beurteilen.

Basierend auf dem Gutachten des Schätzers erlässt die Gemeinde einen schriftlichen Vorbescheid. Daraus ergibt sich, ob und in welcher Höhe ein ersatzpflichtiger Schaden vorliegt. Ebenso beinhaltet der Vorbescheid eine Regelung über die Höhe der Verfahrens- und Schätzerkosten sowie deren Aufteilung. Ist eine der Parteien mit diesem Bescheid nicht einverstanden, öffnet sich ihr der Klageweg. Die Klage ist innerhalb von einem Monat nach Erlass des Vorbescheides beim zuständigen Amtsgericht einzureichen. Hiervon unberührt sind die Kosten und deren Verteilung im Vorbescheid.

2.12 Saarland

Gesetz Nr. 1407 zur Jagd und zum Wildtiermanagement (Saarländisches Jagdgesetz – SJG) vom 27. Mai 1998, zuletzt geändert durch das Gesetz vom 19. März 2014 (Amtsbl. I S. 118); Abschnitt 8, Wild- und Jagdschaden; Ablieferungs- und Anzeigepflicht
§ 41 Schadensersatzpflicht; Schutzvorrichtungen
§ 42 Verfahren in Wild- und Jagdschadenssachen

§ 41 Schadensersatzpflicht; Schutzvorrichtungen

(1) Wildschaden an Grundstücken, auf denen die Jagd ruht oder dauernd nicht ausgeübt werden darf, wird nicht erstattet.

Diese Grundstücke bleiben bei der Berechnung der anteiligen Ersatzleistungen für den Wildschaden an anderen Grundstücken unberücksichtigt (§ 29 Abs. 1 des Bundesjagdgesetzes).

(2) Die oberste Jagdbehörde wird ermächtigt, durch Rechtsverordnung 2 zu regeln, welche Schutzvorrichtungen gegen Wildschäden als üblich anzusehen sind.

(3) Abweichend von § 32 Absatz 2 des Bundesjagdgesetzes sind auch Wildschäden an Streuobstwiesen zu ersetzen, die wie Grünland genutzt werden und auf denen regelmäßig weniger als 150 Obstbäume je Hektar stehen. Nicht ersatzpflichtig sind Wühlschäden an Streuobstwiesen, wenn zum Schadenszeitpunkt das Fallobst nicht abgeräumt ist.

§ 42 Verfahren in Wild- und Jagdschadenssachen

(1) Wild- und Jagdschaden kann im ordentlichen Rechtsweg erst geltend gemacht werden, wenn der Anspruch auf Schadensersatz bei der für das beschädigte Grundstück zuständigen Gemeindebehörde schriftlich oder zur Niederschrift angemeldet und diese ein Vorverfahren durchgeführt hat. Kommt eine Einigung der Beteiligten nicht zustande, wird das Verfahren durch den Erlass eines Vorbescheids abge-

schlossen. Gegen den Vorbescheid kann innerhalb einer Notfrist von zwei Wochen nach dessen Zustellung Klage erhoben werden.

(2) Die oberste Jagdbehörde wird ermächtigt, die Fristen zur Anmeldung, auch abweichend von § 34 des Bundesjagdgesetzes, sowie das Vorverfahren einschließlich der Verfahrenskosten durch Rechtsverordnung 2 zu regeln.

Verordnung zur Durchführung des Saarländischen Jagdgesetzes (DV-SJG) vom 27. Januar 2000, zuletzt geändert durch das Gesetz vom 19. März 2014 (Amtsbl. I S. 118), Abschnitt 13: Wild- und Jagdschaden
Zu § 41 Abs. 2 und § 42 SJG:

§ 64 Beschaffenheit der Schutzvorrichtungen

Als übliche Schutzvorrichtungen im Sinne des § 32 Abs. 2 des Bundesjagdgesetzes sind anzusehen:

1. Einbinden mit Dornreisig, Stacheldraht, geteertem oder gekalktem Stoffverband, mit Dachpappe oder eingepflocktem Maschendrahtzylinder,
2. Drahtgeflechtzaun oder ein Zaun anderer Bauart mit gleicher Schutzwirkung gegen
   a) Rot- und Damwild 1,80 m hoch,
   b) Rehwild 1,50 m hoch,
   c) Wildkaninchen 1,30 m hoch und 0,20 m tief eingegraben,
   d) Schwarzwild 1,50 m hoch; er muss an Erdpfählen so befestigt sein, dass ein Hochheben durch Schwarzwild ausgeschlossen ist.

§ 65 Schadensschätzer

(1) Die untere Jagdbehörde bestellt nach Anhörung des Kreisjagdbeirats auf die Dauer von sechs Jahren Wildschadensschätzer, und zwar in der Regel für jede Gemeinde einen Schätzer und einen Stellvertreter. Die Schätzer sind zu verpflichten, ihre Gutachten unparteiisch nach bestem Wissen und Gewissen zu erstatten. Die Verpflichtung ist aktenkundig zu machen. Die Bestellung kann jederzeit widerrufen werden.

(2)Wildschaden, der an Forstpflanzen entsteht, wird durch einen von der unteren Jagdbehörde bestimmten Forstsachverständigen geschätzt.

Ein Schätzer darf in einem Wildschadensverfahren nicht tätig werden, an dem er selbst, sein Ehegatte, sein eingetragener Lebenspartner oder eine mit ihm in gerader Linie oder in der Seitenlinie bis zum zweiten Grad verwandte oder verschwägerte Person beteiligt ist.

§ 66 Vorverfahren

(1) Nach rechtzeitiger Anmeldung innerhalb von zwei Wochen (bei Schäden an forstwirtschaftlich genutzten Grundstücken entsprechend § 34 Satz 2 des Bundesjagdgesetzes bis zum 1. Mai oder 1. Oktober) (§ 34 Bundesjagdgesetz) hat der Bürgermeister unverzüglich einen Termin an Ort und Stelle anzuberaumen, in dem der behauptete Schaden zu ermitteln ist und auf eine gütliche Einigung hingewirkt werden soll. Zu dem Termin sind die Beteiligten mit dem Hinweis zu laden, dass im Fall des Nichterscheinens mit der Ermittlung des Schadens dennoch begonnen wird. Beteiligte sind die

Geschädigten und die nach § 29 oder § 30 des Bundesjagdgesetzes zum Schadensersatz Verpflichteten. Der Schätzer soll zu dem Termin geladen werden, wenn einer der Beteiligten es beantragt oder eine gütliche Einigung nicht zu erwarten ist.

(2) Jeder Beteiligte kann in dem Termin beantragen, dass der Schaden erst in einem späteren, kurz vor der Ernte abzuhaltenden Termin festgesetzt werden soll. Diesem Antrag muss stattgegeben werden.

(3) Kommt eine gütliche Einigung zustande, so ist eine Niederschrift darüber aufzunehmen, wie und zu welchem Zeitpunkt der Schaden zu ersetzen ist und wie die Kosten des Verfahrens zu erstatten sind. Die Niederschrift ist von allen Beteiligten zu unterzeichnen.

(4) Kommt eine gütliche Einigung nicht zustande, so hat der Bürgermeister unter ausdrücklichem Hinweis der Beteiligten auf die dadurch entstehenden höheren Kosten unverzüglich einen neuen Termin anzusetzen, zu dem auch der Schätzer zu laden ist.

(5) In diesem Termin stellt der Schätzer Art, Höhe und Umfang des entstandenen Schadens fest. Auf Grund dieser Schätzung stellt der Bürgermeister den Schaden durch einen zu begründenden Vorbescheid fest; in ihm ist über die Kosten des Verfahrens nach billigem Ermessen zu bestimmen. Der Vorbescheid ist den Beteiligten gegen Zustellungsnachweis zuzustellen.

(6) Als Kosten des Verfahrens kommen neben den gemäß § 17 zu erhebenden Gebühren nur die notwendigen Auslagen, insbesondere Reisekosten und Gebühren des Schätzers, Botenlöhne, Fernsprech- und Portokosten in Ansatz. Die den Beteiligten erwachsenen Kosten sind nicht erstattungsfähig.

(7) Aus der Niederschrift über die gütliche Einigung und aus dem Vorbescheid findet die Zwangsvollstreckung nach Maßgabe der §§ 724 bis 793 der Zivilprozessordnung statt. Für die Einstellung der Zwangsvollstreckung und die Aufhebung oder Abänderung des Vorbescheids finden die Vorschriften der §§ 717 bis 719 der Zivilprozessordnung entsprechende Anwendung. Die vollstreckbare Ausfertigung wird von dem Urkundsbeamten der Geschäftsstelle des Amtsgerichts erteilt, in dessen Bezirk das Grundstück liegt, auf dem der Schaden entstanden ist.

§ 67 Gerichtliches Nachverfahren

(1) Gegen den Vorbescheid können die Beteiligten binnen einer Notfrist von zwei Wochen seit Zustellung bei dem Amtsgericht Klage erheben. Zuständig ist das Amtsgericht, in dessen Bezirk das Grundstück liegt, auf dem der Schaden entstanden ist.

(2) Die Klage ist zu richten

1. vom Ersatzberechtigten gegen den Ersatzverpflichteten auf Zahlung des verlangten Mehrbetrags;
2. vom Ersatzverpflichteten gegen den Ersatzberechtigten auf Aufhebung des Vorbescheids und anderweitige Entscheidung über den Anspruch.

Im Urteil ist zugleich über die zu erstattenden Kosten des Vorverfahrens nach billigem Ermessen zu erkennen

2.12.1 Ersatzpflichtige Wildarten

Ersatzpflichtig sind alle Schäden, die durch Schalenwild nach § 2, Absatz 3 BJagdG, also Wisente, Elch-, Rot-, Dam-, Sika-, Reh-, Gams-, Stein-, Muffel- und Schwarzwild sowie Wildkaninchen an ersatzpflichtigen Kulturen entstanden sind.

Es ist möglich, im Jagdpachtvertrag weitere Wildarten aufzunehmen für deren Schäden Ersatzpflicht besteht.

2.12.2 Ersatzpflichtige Kulturen

Ersatzpflichtig sind alle landwirtschaftlichen Kulturen, sowie abweichend von § 32 Absatz 2 des Bundesjagdgesetzes sind auch Wildschäden an Streuobstwiesen zu ersetzen, die wie Grünland genutzt werden und auf denen regelmäßig weniger als 150 Obstbäume je Hektar stehen. Nicht ersatzpflichtig sind Wühlschäden an Streuobstwiesen, wenn zum Schadenszeitpunkt das Fallobst nicht abgeräumt ist. Schäden an Sonderkulturen, wie Rebanlagen, Erwerbsgartenbau, Erwerbsobstbaus, Christbaumkulturen, etc. sind nicht ersatzpflichtig, außer diese waren durch übliche Schutzvorrichtungen hinreichend gesichert. (§32 Abs. 2 BJagdG).

2.12.3 Systematik der Schadensregulierung

Schadensersatz fordern kann der geschädigte Eigentümer eines Grundstückes oder der Nutzungsberechtigte (z. B.: Pächter). Generell soll eine einvernehmliche Regelung zwischen den Beteiligten angestrebt werden. Ist davon nicht auszugehen, ist der Schaden innerhalb zwei Wochen nach Kenntnisnahme bei der zuständigen Gemeinde zu melden. Die Meldung muss schriftlich oder zur Niederschrift erfolgen.

Die Gemeinde leitet ein Vorverfahren ein und beraumt dazu einen Vorort-Termin mit den Beteiligten und auf Verlangen einem Wildschadensschätzer ein. Sollte eine Einigung erzielt werden wird ein Protokoll darüber angefertigt und den Beteiligten übersandt.

Alle Beteiligten können verlangen, dass eine weitere Begehung kurz vor der Ernte stattfindet um den Schaden dann zu beurteilen.

Basierend auf dem Gutachten des Schätzers erlässt die Gemeinde einen schriftlichen Vorbescheid. Daraus ergibt sich, ob und in welcher Höhe ein ersatzpflichtiger Schaden vorliegt. Ebenso beinhaltet der Vorbescheid eine Regelung über die Höhe der Verfahrens- und Schätzerkosten sowie deren Aufteilung. Ist eine der Parteien mit diesem Bescheid nicht einverstanden, öffnet sich ihr der Klageweg. Die Klage ist innerhalb von zwei Wochen nach Erlaß des Vorbescheides beim zuständigen Amtsgericht einzureichen. Dort wird dann auch vom Gericht nach billigem Ermessen über die Kosten des Vorverfahrens entschieden.

2.13 Sachsen

Gesetz zur Neuregelung des Jagdrechts im Freistaat Sachsen vom 8. Juni 2012, Abschnitt 7: Wild- und Jagdschaden

§30 Ablenkfütterung (zu §28 Bundesjagdgesetz)
Die Jagdbehörde kann im Einzelfall Ablenkfütterungen zur Verminderung von Wildschäden zeitlich, räumlich und auf bestimmte Futtermittel und Wildarten begrenzt zulassen.

§31 Erstattungsausschluss, Ersatz weiterer Wildschäden, Jagdschaden und Geltendmachung des Schadens (zu §§29, 31, 33 und 34 Bundesjagdgesetz)

(1) Wildschaden an Grundflächen, auf denen die Jagd nicht ausgeübt werden darf, ist nicht zu ersetzen.

(2) Ist für den ganzen oder teilweisen Verlust der Ernte Ersatz geleistet, kann wegen eines weiteren Schadens in demselben Wirtschaftsjahr Ersatz nur verlangt werden, wenn die Neubestellung im Rahmen der üblichen Bewirtschaftung liegt. Wildschaden wird ebenfalls nicht erstattet, wenn er durch verspätete, unvollständige oder unterlassene Ernte entstanden ist.

(3) Der Geschädigte hat die als ersatzpflichtig in Anspruch zu nehmende Person und den Jagdausübungsberechtigten bei Beachtung gehöriger Sorgfalt über eingetretene Wild- oder Jagdschäden ab Kenntnis unverzüglich zu unterrichten. Vor dem Beschreiten des ordentlichen Rechtsweges ist der Versuch einer gütlichen Einigung über den Schadensersatz zu unternehmen und zu dokumentieren. §34 des Bundesjagdgesetzes findet keine Anwendung.

Verordnung des Sächsischen Staatsministeriums für Umwelt und Landwirtschaft zur Neuregelung jagdrechtlicher Vorschriften vom 27. August 2012

§ 8 Schutzvorrichtungen zur Verhinderung von übermäßigen Wildschäden
Als übliche Schutzvorrichtungen im Sinne von § 32 Abs. 2 Satz 1 des Bundesjagdgesetzes sind wilddichte Zäune folgender Mindesthöhen anzusehen:
1. Zum Schutz gegen Rot-, Dam- und Muffelwild 1,80 m,
2. zum Schutz gegen Reh- und Schwarzwild 1,30 m,
3. zum Schutz gegen Wildkaninchen 1,00 m über und 0,30 m unter der Erde.

2.13.1 Ersatzpflichtige Wildarten

Ersatzpflichtig sind alle Schäden, die durch Schalenwild nach § 2, Absatz 3 BJagdG, also Wisente, Elch-, Rot-, Dam-, Sika-, Reh-, Gams-, Stein-, Muffel- und Schwarzwild sowie Wildkaninchen, an ersatzpflichtigen Kulturen entstanden sind. Es ist möglich, im Jagdpachtvertrag weitere Wildarten aufzunehmen, für deren Schäden Ersatzpflicht besteht.

2.13.2 Ersatzpflichtige Kulturen

Ersatzpflichtig sind alle landwirtschaftlichen Kulturen. Schäden an Sonderkulturen, wie Rebanlagen, Erwerbsgartenbau, Erwerbsobstbaus, Christbaumkulturen, etc. sind nicht ersatzpflichtig, außer diese waren durch übliche Schutzvorrichtungen hinreichend gesichert. (§32 Abs. 2 BJagdG).

2.13.3 Systematik der Schadensregulierung

Schadensersatz fordern kann der geschädigte Eigentümer eines Grundstückes oder der Nutzungsberechtigte (z. B. Pächter). Der Geschädigte hat die in Anspruch zu nehmende Person unverzüglich nach Kenntnisnahme des Schadens zu informieren.

Generell soll eine einvernehmliche Regelung zwischen den Beteiligten angestrebt werden. Dies ist schriftlich zu dokumentieren.

Ein Vorverfahren ist nicht vorgesehen. Der Rechtsweg steht den Parteien offen.

2.14 Sachsen-Anhalt

Landesjagdgesetz für Sachsen-Anhalt (LJagdG), vom 23.7.1991 (GVBl. LSA 1991, S. 186), zuletzt mehrfach geändert durch Gesetz vom 18.1.2011 (GVBl. LSA 1/2011 S. 6)

§ 35 Schutzvorrichtungen (zu § 32 BJagdG)
Die oberste Jagdbehörde wird durch Verordnung ermächtigt

1. Bestimmungen über die Verpflichtung zur Leistung von Wildschadenersatz in den Fällen des § 32 Abs. 2 Satz 1 des Bundesjagdgesetzes zu erlassen, soweit dies mit Rücksicht auf die Interessen der Land- und Forstwirtschaft notwendig erscheint;
2. zu bestimmen, welche Schutzvorrichtungen als üblich anzusehen sind (§ 32 Abs. 2 Satz 2 des Bundesjagdgesetzes).

§ 36 Verfahren in Wild- und Jagdschadenssachen (zu § 35 BJagdG)
Wild- und Jagdschaden kann im ordentlichen Rechtswege nur geltend gemacht werden, wenn zuvor ein Feststellungsverfahren gemäß § 35 des Bundesjagdgesetzes vor der Gemeinde stattgefunden hat. Kommt eine Einigung der Beteiligten nicht zustande, wird das Verfahren durch den Erlass eines Vorbescheides abgeschlossen. Gegen den Vorbescheid kann innerhalb einer Notfrist von zwei Wochen nach dessen Zustellung Klage erhoben werden. Die näheren Einzelheiten des Verfahrens, insbesondere die Erhebung von Auslagen der Gemeinde, werden durch Verordnung der obersten Jagdbehörde und des für Justiz zuständigen Ministeriums geregelt.

Verordnung zur Durchführung des Landesjagdgesetzes für Sachsen-Anhalt (LJagdG-DVO) vom 25. Juli 2005 (GVBl. LSA 2005, S. 462), zuletzt geändert durch Verordnung vom 9. Januar 2015 (GVBl. LSA S. 23), Abschnitt 7 Vorverfahren in Wild- und Jagdschadenssachen

§ 20 Zuständigkeit
Für die Durchführung des Feststellungsverfahrens (§ 35 des Bundesjagdgesetzes, § 36 des Landesjagdgesetzes für Sachsen-Anhalt) ist die Gemeinde örtlich zuständig, in deren Gebiet das Grundstück liegt, an dem der Schaden entstanden ist.

§ 21 Mitwirkungsverbot
Im Feststellungsverfahren können als Beauftragter der Gemeinde, als Wildschadensschätzer oder Forstsachverständiger nicht mitwirken:

1. die nach § 22 Satz 2 zu dem Termin zu ladenden Personen;
2. die Ehegatten oder Lebenspartner dieser Personen, auch wenn die Ehe oder Lebenspartnerschaft nicht mehr besteht, und wer mit diesen Personen in gerader Linie oder im zweiten Grade der Seitenlinie verwandt oder verschwägert ist.

§ 22 Ortstermin
Ist Wild- oder Jagdschaden angemeldet, bestimmt der zuständige Beauftragte der Gemeinde unverzüglich einen Termin am Schadensort.

Zu diesem Termin sind der Anmelder, der Ersatzpflichtige und, wenn dieser nicht gleichzeitig der Jagdpächter ist, auch der Jagdpächter, außerdem in den Fällen des § 29 Abs. 1 des Bundesjagdgesetzes der Jagdvorstand, in denen des § 29 Abs. 2 des Bundesjagdgesetzes der Eigentümer oder Nutznießer des Jagdbezirks zu laden. Von der Ladung des Jagdpächters kann abgesehen werden, wenn er den Ersatz des Wildschadens im Jagdpachtvertrag nicht übernommen hat.

§ 23 Antragsprüfung

(1) Im Termin ist zunächst zu prüfen, ob der Antrag innerhalb der im § 34 des Bundesjagdgesetzes vorgesehenen Frist eingegangen ist. Ist dies nicht der Fall, so ist der Antrag durch Vorbescheid als unzulässig zu verwerfen.

(2) Ist offenkundig, dass der Antrag verspätet eingegangen ist, kann der Beauftragte der Gemeinde auch ohne Anberaumung eines Termins den Antrag durch Vorbescheid als unzulässig verwerfen.

§ 24 Gütliche Einigung

(1) Ist der Antrag zulässig, soll der Beauftragte der Gemeinde auf eine gütliche Einigung der Beteiligten hinwirken.

(2) Kommt die Einigung zustande, ist hierüber eine Niederschrift aufzunehmen. Die Niederschrift enthält:

1. Ort und Zeit der Verhandlung,
2. Die Namen und Anschriften des Anmelders, des Ersatzpflichtigen und weiteren Erschienenen (§ 22),
3. Die Vereinbarungen der Beteiligten einschließlich der Regelung zu den Kosten.

Die Niederschrift ist den Beteiligten vorzulesen oder zur Durchsicht vorzulegen und zu genehmigen. In der Niederschrift ist zu vermerken, dass dies geschehen ist. Die Niederschrift ist vom Anmelder, dem Ersatzpflichtigen und dem Beauftragten der Gemeinde zu unterschreiben.

§ 25 Schadensermittlung

(1) Kommt eine Einigung nach § 24 nicht zustande, ist unverzüglich ein neuer Termin anzusetzen, zu dem auch ein Wildschadensschätzer, bei Schäden an Forstpflanzen ein Forstsachverständiger zu laden ist. Ist wahrscheinlich, dass sich die beschädigten Saaten oder Gewächse bis zur Ernte wesentlich erholen werden, soll der Termin für die Feststellung des Schadens auf einen Zeitpunkt unmittelbar vor der Ernte angesetzt werden.

(2) In dem neuen Termin ist der Schaden unter Zuziehung des Schätzers oder Forstsachverständigen zu ermitteln.

(3) Über die Verhandlung hat der Beauftragte der Gemeinde eine Niederschrift aufzunehmen, die die wesentlichen Vorgänge der Verhandlung wiedergibt. Die Niederschrift ist von ihm zu unterzeichnen.

§ 26 Vorbescheid

(1) Der Beauftragte der Gemeinde entscheidet durch schriftlichen Vorbescheid. In ihm sind der Ersatzpflichtige und die Höhe des zu erstattenden Schadens anzugeben. Soweit der Anspruch nicht gerechtfertigt ist, ist er abzuweisen.

(2) Der Vorbescheid soll eine Begründung enthalten und eine Woche nach dem Termin vorliegen. Er ist mit der Verhandlungsniederschrift dem Anmelder und dem Ersatzpflichtigen zuzustellen. Andere Beteiligte erhalten auf Verlangen gegen Kostenerstattung beglaubigte Abschriften.

§ 27 Kosten des Verfahrens

(1) Sind Verfahrenskosten entstanden, so soll in dem Vorbescheid auch ihre Höhe festgestellt und nach billigem Ermessen bestimmt werden, wer sie zu tragen hat.

(2) Als Kosten des Verfahrens sind nur die notwendigen Auslagen der Gemeinde, insbesondere Reisekosten, Gebühren des Schätzers, Botenlöhne und Postgebühren anzusetzen. Die Kosten werden im Verwaltungszwangsverfahren beigetrieben.

(3) Die den Beteiligten erwachsenen Kosten werden nicht erstattet.

(4) Die Absätze 1 bis 3 gelten entsprechend, sofern sich die Parteien im Falle einer Einigung (§ 24) über die Kostentragung ganz oder teilweise nicht einigen. Eine Anfechtung dieser Entscheidung findet nicht statt.

§ 28 Zwangsvollstreckung

(1) Aus der Niederschrift über die Einigung oder dem unanfechtbar gewordenen Vorbescheid findet die gerichtliche Zwangsvollstreckung nach den Vorschriften der Zivilprozessordnung über die Zwangsvollstreckung aus Vergleichen statt, die vor Gütestellen der im § 794 Abs. 1 Nr. 1 der Zivilprozessordnung bezeichneten Art geschlossen sind.

(2) Die Vollstreckungsklausel wird von dem Urkundsbeamten der Geschäftsstelle desjenigen Amtsgerichts erteilt, in dessen Bezirk die Gemeinde ihren Sitz hat.

§ 29 Klage

(1) Gegen den Vorbescheid steht den Beteiligten das Recht der Klage zu. Erachtet das Gericht die Klage ganz oder teilweise für begründet, so ändert es den Vorbescheid entsprechend ab. Erachtet das Gericht den Vorbescheid für zutreffend, so weist es die Klage ab.

(2) Das Gericht entscheidet zugleich nach billigem Ermessen darüber, wer die der Gemeinde entstandenen Kosten des Verfahrens (§ 27 Abs. 2) zu erstatten hat.

(3) Das Gericht hat der Gemeinde eine Ausfertigung des Urteils zu übersenden.

2.14.1 Ersatzpflichtige Wildarten

Ersatzpflichtig sind alle Schäden, die durch Schalenwild nach § 2, Absatz 3 BJagdG, also Wisente, Elch-, Rot-, Dam-, Sika-, Reh-, Gams-, Stein-, Muffel- und Schwarzwild sowie Wildkaninchen, an ersatzpflichtigen Kulturen entstanden sind.

Es ist möglich, im Jagdpachtvertrag weitere Wildarten aufzunehmen, für deren Schäden Ersatzpflicht besteht.

2.14.2 Ersatzpflichtige Kulturen

Ersatzpflichtig sind alle landwirtschaftlichen Kulturen. Schäden an Sonderkulturen wie Rebanlagen, Erwerbsgartenbau, Erwerbsobstbaus, Christbaumkulturen etc. sind nicht ersatzpflichtig, außer diese waren durch übliche Schutzvorrichtungen hinreichend gesichert. (§32 Abs. 2 BJagdG).

2.14.3 Systematik der Schadensregulierung

Schadensersatz fordern kann der geschädigte Eigentümer eines Grundstückes oder der Nutzungsberechtigte (z. B. Pächter). Generell soll eine einvernehmliche Regelung zwischen den Beteiligten angestrebt werden. Ist davon nicht auszugehen, ist der Schaden innerhalb einer Woche nach Kenntnisnahme bei der zuständigen Gemeinde zu melden. Die Meldung muss schriftlich oder zur Niederschrift erfolgen.

Die Gemeinde leitet ein Vorverfahren ein und beraumt dazu einen Vorort-Termin mit den Beteiligten und auf Verlangen mit einem Wildschadensschätzer ein. Sollte eine Einigung erzielt werden, wird ein Protokoll darüber angefertigt und den Beteiligten übersandt.

Alle Beteiligten können verlangen, dass eine weitere Begehung kurz vor der Ernte stattfindet, um den Schaden dann zu beurteilen.

Basierend auf dem Gutachten des Schätzers erlässt die Gemeinde einen schriftlichen Vorbescheid. Daraus ergibt sich, ob und in welcher Höhe ein ersatzpflichtiger Schaden vorliegt. Ebenso beinhaltet der Vorbescheid eine Regelung über die Höhe der Verfahrens- und Schätzerkosten sowie deren Aufteilung. Ist eine der Parteien mit diesem Bescheid nicht einverstanden, öffnet sich ihr der Klageweg. Die Klage ist innerhalb von zwei Wochen nach Erlass des Vorbescheides beim zuständigen Amtsgericht einzureichen. Dort wird dann auch vom Gericht nach billigem Ermessen über die Kosten des Vorverfahrens entschieden.

2.15 Schleswig-Holstein

Jagdgesetz des Landes Schleswig-Holstein (Landesjagdgesetz – LJagdG -) 1) vom 13. Oktober 1999, zum 04.08.2015 aktuellste verfügbare Fassung der Gesamtausgabe. Stand: letzte berücksichtigte Änderung. Überschrift, §§ 29 und 37 geändert (Ges. v. 06.06.2014, GVOBl. S. 100)
Abschnitt VII Wild- und Jagdschaden

§ 30 Verfahren in Wild- und Jagdschadenssachen (zu § 35 Bundesjagdgesetz)

(1) Wild- oder Jagdschaden ist bei den örtlichen Ordnungsbehörden anzumelden.

(2) Wildschäden an Grundstücken, auf denen die Jagd ruht oder nicht ausgeübt werden darf, werden nicht erstattet. Diese Grundstücke bleiben bei der Berechnung der anteiligen Ersatzleistung für Wildschäden an anderen Grundstücken außer Betracht (§ 29 Abs. 1 Satz 2 des Bundesjagdgesetzes).

(3) Vor Beschreiten des ordentlichen Rechtsweges hat ein Feststellungsverfahren vor der örtlichen Ordnungsbehörde stattzufinden. Die näheren Bestimmungen erlässt die oberste Jagdbehörde durch Verordnung.

Landesverordnung über Verfahren in Wild- und Jagdschadenssachen vom 15. Oktober 2013, Gesamtausgabe in der Gültigkeit vom 01.01.2014 bis 31.12.2018

§ 1 Feststellungsverfahren

Das Feststellungsverfahren besteht aus dem Versuch einer gütlichen Einigung, der Wildschadensschätzung und dem Vorbescheid. Erfolgt die Anmeldung des Schadens nicht innerhalb der in § 34 Bundesjagdgesetz gesetzten Frist, lehnt die örtliche Ordnungsbehörde die Einleitung des Feststellungsverfahrens schriftlich ab. Diese Mitteilung ist zu begründen und den Geschädigten zuzustellen.

§ 2 Gütliche Einigung

(1) Die örtliche Ordnungsbehörde, in deren Zuständigkeitsbereich das Grundstück liegt, an dem oder auf dem der Schaden entstanden ist (zuständige Behörde), benachrichtigt unverzüglich nach Anmeldung des Schadens durch die Geschädigten die Ersatzpflichtigen mit dem Ziel einer gütlichen Einigung.

Die bestellte Wild- und Jagdschadenschätzerin oder der Wild- und Jagdschadenschätzer soll zu dem Termin hinzugezogen werden, wenn Anlass zu der Annahme besteht, dass eine gütliche Einigung der Beteiligten nicht möglich sein wird oder eine Beteiligte oder ein Beteiligter die Hinzuziehung der Schätzerin oder des Schätzers fordert.

(2) Eine gütliche Einigung liegt vor, wenn die Geschädigten und die Ersatzverpflichteten Festlegungen getroffen haben, welche Entschädigung zu leisten ist und wer die Kosten der Wild- oder Jagdschadenschätzung trägt. Die zuständige Behörde nimmt die Erklärungen der Beteiligten in einer von diesen und ihr zu unterzeichnenden Niederschrift auf. Beteiligte sind die Geschädigten und die zum Schadensersatz gemäß § 6 a Abs. 6, §§ 29 bis 32 Bundesjagdgesetz Verpflichteten einschließlich der Jagdpächterinnen und Jagdpächter, die einen Wildschaden ganz oder teilweise zu erstatten haben.

§ 3 Wildschadensschätzung

(1) Kommt es nicht zu einer gütlichen Einigung, lädt die zuständige Behörde die Beteiligten sowie die bestellte Wild- und Jagdschadenschätzerin oder den Wild- und Jagdschadenschätzer zu einer Wildschadensschätzung.

Bei landwirtschaftlich genutzten Grundstücken können alle Beteiligten beantragen, dass die Ermittlung des Schadens in einem Termin kurz vor der Ernte erfolgen soll. Dem Antrag ist stattzugeben, wenn die Höhe des Schadens vorher nicht zuverlässig festgestellt werden kann. Die Schadensermittlung ist jedoch unverzüglich insoweit durchzuführen, als dies zur zuverlässigen späteren Feststellung der Schadenshöhe erforderlich ist. Über die Verhandlung ist eine Niederschrift aufzunehmen.

(2) Die Wildschadensschätzung kann auch durchgeführt werden, wenn trotz ordnungsgemäßer Einladung nicht alle Beteiligten zum Schätztermin erschienen sind. In der Einladung ist hierauf hinzuweisen.

§ 4 Vorbescheid

Nach Durchführung der Wildschadensschätzung erlässt die zuständige Behörde auf der Grundlage des Gutachtens der Schätzerin oder des Schätzers einen schriftlichen Vorbescheid. Er ist mit einer Begründung, einer Kostenentscheidung unter Berücksichtigung des Sach- und Streitstandes nach billigem Ermessen und einer Rechtsmittelbelehrung zu versehen und den Beteiligten zuzustellen.

§ 5 Kosten des Feststellungsverfahrens

Zu den Kosten des Feststellungsverfahrens gehören der Personal- und Sachaufwand der Behörde für die Erstellung der Niederschrift nach § 2 Abs. 2 sowie für die Erstellung des Vorbescheides und die Vergütung für die Schätzung. Die den Beteiligten entstandenen Aufwendungen werden nicht erstattet.

§ 6 Schätzerinnen und Schätzer

(1) Die zuständige Behörde bestellt für die Dauer von fünf Jahren eine Wild- und Jagdschadenschätzerin oder einen Wild- und Jagdschadenschätzer sowie eine Stellvertreterin oder einen Stellvertreter. Sie verpflichtet die Schätzerinnen oder Schätzer durch Handschlag oder schriftlich darauf, dass sie ihre Gutachten unparteiisch und nach bestem Wissen und Gewissen erstatten werden. Die Bestellung kann bei Vorliegen wichtiger Gründe widerrufen werden.

(2) Zur Schätzung von Wild- oder Jagdschäden, die an Forstpflanzen entstehen, bestellt die zuständige Behörde forstsachverständige Schätzerinnen oder Schätzer. Absatz 1 findet entsprechende Anwendung.

(3) Eine Schätzerin oder ein Schätzer darf bei einer Schätzung nicht mitwirken, wenn sie oder er selbst, ihr Ehegatte oder seine Ehegattin, ihre eingetragene Lebenspartnerin oder sein eingetragener Lebenspartner oder eine Person, die mit ihr oder ihm in gerader oder in der Seitenlinie ersten Grades verwandt oder verschwägert ist, Beteiligte des Feststellungsverfahrens sind.

(4) Die Schätzerin oder der Schätzer kann eine Vergütung in entsprechender Anwendung der für Sachverständige geltenden Bestimmungen des Justizvergütungs- und Entschädigungsgesetzes (JVEG) vom 5. Mai 2004 (BGBl. I 2004 S. 718, 776), zuletzt geändert durch Artikel 7 des Gesetzes vom 23. Juli 2013 (BGBl. I S. 2586), verlangen, wobei das Honorar nach § 9 Abs. 1 JVEG nach der Honorargruppe 1 bemessen und ab der zweiten Stunde halbiert wird.

§ 7 Zwangsvollstreckung

(1) Aus der Niederschrift über die Einigung (§ 2 Abs. 2) oder dem unanfechtbar gewordenen Vorbescheid findet die Zwangsvollstreckung nach den Vorschriften der Zivilprozessordnung über die Zwangsvollstreckung aus Vergleichen statt (§ 794 Abs. 1 Nr. 1 der Zivilprozessordnung).

(2) Für die Erteilung der Vollstreckungsklausel ist das Amtsgericht zuständig, zu dessen Bezirk die mit dem Verfahren befasste örtliche Ordnungsbehörde gehört.

§ 8 Ordentlicher Rechtsweg

(1) Gegen den Vorbescheid steht den Beteiligten innerhalb von zwei Wochen nach dessen Zustellung das Recht der Klage vor dem Amtsgericht zu, in dessen Bezirk die mit dem Feststellungsverfahren befasste Behörde ihren Sitz hat. Wird die Durchführung des Feststellungsverfahrens abgelehnt oder ein Vorbescheid ohne ausreichenden Grund in angemessener Frist nicht erlassen, ist die Klage ebenfalls zulässig.

(2) Die Klage ist zu richten

1. von den Ersatzberechtigten gegen die Ersatzverpflichteten auf Zahlung des Betrages, um den der verlangte Schadensersatz die Festsetzung der zuständigen Behörde übersteigt,

2. von den Ersatzverpflichteten gegen die Ersatzberechtigten auf völlige oder teilweise Aufhebung des Bescheides der zuständigen Behörde.

(3) Gelangt das Gericht zu einer von dem Vorbescheid abweichenden Beurteilung, ändert es zugleich die im Vorbescheid getroffene Kostenentscheidung ab.

2.15.1 Ersatzpflichtige Wildarten

Ersatzpflichtig sind alle Schäden, die durch Schalenwild nach § 2, Absatz 3 BJagdG, also Wisente, Elch-, Rot-, Dam-, Sika-, Reh-, Gams-, Stein-, Muffel- und Schwarzwild sowie Wildkaninchen, an ersatzpflichtigen Kulturen entstanden sind.

Es ist möglich, im Jagdpachtvertrag weitere Wildarten aufzunehmen, für deren Schäden Ersatzpflicht besteht.

2.15.2 Ersatzpflichtige Kulturen

Ersatzpflichtig sind alle landwirtschaftlichen Kulturen. Schäden an Sonderkulturen, wie Rebanlagen, Erwerbsgartenbau, Erwerbsobstbau, Christbaumkulturen etc. sind nicht ersatzpflichtig, außer diese waren durch übliche Schutzvorrichtungen hinreichend gesichert. (§32 Abs. 2 BJagdG).

2.15.3 Systematik der Schadensregulierung

Schadensersatz fordern kann der geschädigte Eigentümer eines Grundstückes oder der Nutzungsberechtigte (z. B. Pächter). Generell soll eine einvernehmliche Regelung zwischen den Beteiligten angestrebt werden. Ist davon nicht auszugehen, ist der Schaden innerhalb einer Woche nach Kenntnisnahme bei der zuständigen Gemeinde zu melden. Die Meldung muss schriftlich oder zur Niederschrift erfolgen.

Die Gemeinde leitet ein Vorverfahren ein und beraumt dazu einen Vorort-Termin mit den Beteiligten und auf Verlangen einem Wildschadensschätzer an. Sollte eine Einigung erzielt werden, wird ein Protokoll darüber angefertigt und den Beteiligten übersandt.

Alle Beteiligten können verlangen, dass eine weitere Begehung kurz vor der Ernte stattfindet, um den Schaden dann zu beurteilen.

Basierend auf dem Gutachten des Schätzers erlässt die Gemeinde einen schriftlichen Vorbescheid. Daraus ergibt sich, ob und in welcher Höhe ein ersatzpflichtiger Schaden vorliegt. Ebenso beinhaltet der Vorbescheid eine Regelung über die Höhe der Verfahrens- und Schätzerkosten sowie deren Aufteilung. Ist eine der Parteien mit diesem Bescheid nicht einverstanden, öffnet sich ihr der Klageweg. Die Klage ist innerhalb von zwei Wochen nach Erlass des Vorbescheides beim zuständigen Amtsgericht einzureichen. Dort wird dann auch vom Gericht nach billigem Ermessen über die Kosten des Vorverfahrens entschieden.

2.16 Thüringen

Thüringer Jagdgesetz (ThJG) vom 11. November 1991 (GVBl. S. 571), in der Fassung der Neubekanntmachung vom 28. Juni 2006 (GVBl. Nr. 10 S. 313), mit eingearbeiteten Änderungen nach Artikel 3 des Gesetzes zur Reform der Forstverwaltung vom 25. Oktober 2011 (GVBl. Nr. 9 S. 273 ff.), mit eingearbeiteten Änderungen nach dem ersten Gesetz zur Änderung des Thüringer Jagdgesetzes vom 6. Mai 2013 (GVBl. 4–2013 vom 30.05.13)
VII Wild- und Jagdschaden

§ 44 Verhinderung von Wildschaden auf eingezäunten Waldflächen
Zum Schutz von Forstkulturen und forstlichen Verjüngungsflächen, die gegen das Eindringen von Wild mit den üblichen Schutzvorrichtungen (§ 32 Abs. 2 BJG) versehen sind und deren Größe zehn Hektar nicht überschreitet, kann die untere Jagdbehörde nach § 27 BJG auf Antrag des Grundeigentümers oder Nutzungsberechtigten anordnen, dass der Jagdausübungsberechtigte unabhängig von den Schonzeiten innerhalb von einer bestimmten Frist eingewechseltes Wild zu erlegen hat, wenn es nicht auf andere Weise zum Verlassen der Kultur oder Verjüngungsfläche gebracht werden kann; die Anordnung ist dem Jagdbeirat mitzuteilen.

§ 45 Zusammenwirken der Beteiligten, Erstattungsausschluss, Ersatz weiterer Wildschäden
(1) Flächeneigentümer, Jagdausübungsberechtigte und Landnutzer wirken bei der Vermeidung von Wildschäden zusammen.
(2) Wildschaden an Grundflächen, auf denen die Jagd nicht ausgeübt werden darf, ist nicht zu ersetzen. Die Grundflächen bleiben bei der Berechnung der anteiligen Ersatzleistung für den Wildschaden an anderen Grundstücken (§ 29 Abs. 1 Satz 2 BJG) außer Ansatz.
(3) Wildschaden wird ebenfalls nicht erstattet, wenn durch die nicht übliche Art der Bewirtschaftung der Fläche, durch verspätete, unvollständige oder unterlassene Ernte Wildschaden entstanden ist.
(4) Ist für den ganzen oder teilweisen Verlust der Ernte Ersatz geleistet, so kann wegen eines weiteren Schadens im gleichen Wirtschaftsjahr Ersatz nur verlangt werden, wenn die Neubestellung im Rahmen der üblichen Bewirtschaftung liegt.

§ 46 Schadensmeldung
Der Anspruch auf Ersatz von Wild- oder Jagdschaden ist bei der für das beschädigte Grundstück zuständigen Gemeinde schriftlich anzumelden

(§ 34 BJG). Ist die Gemeinde selbst Eigentümerin des Grundstücks, so ist zuständige Behörde die Aufsichtsbehörde der Gemeinde.

§ 47 Schadensschätzer

(1) Die untere Jagdbehörde bestellt für jede Gemeinde auf die Dauer von vier Jahren einen Wildschadensschätzer und einen Stellvertreter. Erforderlichenfalls sind mehrere Schätzer und Stellvertreter zu bestellen. Die Schätzer und Stellvertreter sind verpflichtet, ihre Gutachten unparteiisch nach bestem Wissen und Gewissen zu erstellen. Die Bestellung ist jederzeit widerruflich.

(2) Wildschaden im Wald wird durch einen von der unteren Jagdbehörde bestimmten Forstsachverständigen geschätzt.

§ 48 Verwaltungsverfahren

(1) Nach rechtzeitiger Anmeldung hat die Gemeinde unverzüglich an Ort und Stelle einen Termin anzuberaumen, in dem der behauptete Schaden zu ermitteln ist und auf eine gütliche Einigung hingewirkt werden soll. Zu dem Termin sind die Beteiligten mit dem Hinweis zu laden, dass im Falle des Nichterscheinens mit der Ermittlung des Schadens dennoch begonnen wird. Zu den Beteiligten gehört auch der Jagdpächter, sofern er den Wildschaden ganz oder teilweise zu erstatten hat. Der Schätzer braucht nicht geladen zu werden.

(2) Jeder Beteiligte kann in dem Termin beantragen, dass der Schaden erst in einem späteren, kurz vor der Ernte abzuhaltenden Termin festgesetzt werden soll. Diesem Antrag muss stattgegeben werden.

(3) Kommt eine gütliche Einigung zustande, so ist eine Niederschrift darüber aufzunehmen, wie und zu welchem Zeitpunkt der Schaden zu ersetzen ist und wie die Kosten des Verfahrens zu erstatten sind. Die Niederschrift enthält:

- Ort und Zeit der Verhandlung,
- die Bezeichnung der Beteiligten, ihrer gesetzlichen Vertreter und der Bevollmächtigten nach Namen, Beruf oder Gewerbe, Wohnort oder Anschrift,
- die Erklärung der Beteiligten.

Die Niederschrift ist den Beteiligten vorzulesen oder zur Durchsicht vorzulegen. In der Niederschrift ist zu vermerken, dass dies geschehen und die Genehmigung erteilt ist.

(4) Kommt eine gütliche Einigung nicht zustande, so hat die Gemeinde unter ausdrücklichem Hinweis der Beteiligten auf die dadurch entstehenden höheren Kosten unverzüglich einen neuen Termin anzusetzen, zu dem auch der Schätzer zu laden ist.

(5) In diesem oder in dem folgenden Termin ist der entstandene Schaden von dem Schätzer festzustellen. Aufgrund dieser Schätzung setzt die Gemeinde den Schaden durch einen Vorbescheid fest; in ihm

ist über die Kosten des Verfahrens nach billigem Ermessen zu bestimmen. Der Vorbescheid hat die Angaben nach Absatz 3 Satz 2 zu enthalten. Er ist zu begründen, mit einer Rechtsmittelbelehrung zu versehen und den Beteiligten zuzustellen.

(6) Als Kosten des Verfahrens kommen nur die notwendigen Auslagen, insbesondere Reisekosten und Gebühren des Schätzers, Botenlöhne und Portokosten in Ansatz. Die den Beteiligten erwachsenen Kosten sind nicht erstattungsfähig.

(7) Die Zwangsvollstreckung nach der Zivilprozessordnung findet statt:

- aus der Niederschrift über die Einigung, wenn die vollstreckbare Ausfertigung mindestens 1 Woche vorher zugestellt ist,
- aus dem Vorbescheid, wenn die vollstreckbare Ausfertigung bereits zugestellt ist oder gleichzeitig zugestellt wird.

(8) Die vollstreckbare Ausfertigung wird von den Urkundsbeamten der Geschäftsstelle des Amtsgerichtes erteilt, zu dessen Bezirk die Gemeinde gehört. In den Fällen der §§ 731 und 768 der Zivilprozessordnung entscheidet das in Satz 1 bezeichnete Gericht.

§ 48a Gerichtliches Nachverfahren

(1) Gegen den Vorbescheid können die Beteiligten binnen einer Notfrist von 2 Wochen seit Zustellung bei dem Amtsgericht Klage erheben. Zuständig ist das Amtsgericht, in dessen Bezirk die mit dem Vorverfahren befasste Gemeinde ihren Sitz hat.

(2) Die Klage ist zu richten

- vom Ersatzberechtigten gegen den Ersatzverpflichteten auf Zahlung des verlangten Mehrbetrages,
- vom Ersatzverpflichteten gegen den Ersatzberechtigten auf Aufhebung des Vorbescheides und anderweitige Entscheidung über den Anspruch.

Im Urteil ist zugleich über die zu erstattenden Kosten des Vorverfahrens nach billigem Ermessen zu erkennen.

(3) Auf die Einstellung der Zwangsvollstreckung und die Aufhebung oder Abänderung des Vorbescheides finden die Vorschriften der §§ 717–719 der Zivilprozessordnung entsprechende Anwendung.

2.16.1 Ersatzpflichtige Wildarten

Ersatzpflichtig sind alle Schäden, die durch Schalenwild nach § 2, Absatz 3 BJagdG, also Wisente, Elch-, Rot-, Dam-, Sika-, Reh-, Gams-, Stein-, Muffel- und Schwarzwild sowie Wildkaninchen, an ersatzpflichtigen Kulturen entstanden sind.

Es ist möglich, im Jagdpachtvertrag weitere Wildarten aufzunehmen, für deren Schäden Ersatzpflicht besteht.

2.16.2 Ersatzpflichtige Kulturen

Ersatzpflichtig sind alle landwirtschaftlichen Kulturen. Schäden an Sonderkulturen, wie Rebanlagen, Erwerbsgartenbau, Erwerbsobstbau, Christbaumkulturen etc. sind nicht ersatzpflichtig, außer diese waren durch übliche Schutzvorrichtungen hinreichend gesichert (§32 Abs. 2 BJagdG).

2.16.3 Systematik der Schadensregulierung

Schadensersatz fordern kann der geschädigte Eigentümer eines Grundstückes oder der Nutzungsberechtigte (z. B. Pächter). Generell soll eine einvernehmliche Regelung zwischen den Beteiligten angestrebt werden. Ist davon nicht auszugehen, ist der Schaden innerhalb einer Woche nach Kenntnisnahme bei der zuständigen Gemeinde zu melden. Die Meldung muss schriftlich oder zur Niederschrift erfolgen.

Die Gemeinde leitet ein Vorverfahren ein und beraumt dazu einen Vorort-Termin mit den Beteiligten und auf Verlangen einem Wildschadensschätzer an. Sollte eine Einigung erzielt werden, wird ein Protokoll darüber angefertigt und den Beteiligten übersandt.

Alle Beteiligten können verlangen, dass eine weitere Begehung kurz vor der Ernte stattfindet, um den Schaden dann zu beurteilen.

Basierend auf dem Gutachten des Schätzers erlässt die Gemeinde einen schriftlichen Vorbescheid. Daraus ergibt sich, ob und in welcher Höhe ein ersatzpflichtiger Schaden vorliegt. Ebenso beinhaltet der Vorbescheid eine Regelung über die Höhe der Verfahrens- und Schätzerkosten sowie deren Aufteilung. Ist eine der Parteien mit diesem Bescheid nicht einverstanden, öffnet sich ihr der Klageweg. Die Klage ist innerhalb von zwei Wochen nach Erlass des Vorbescheides beim zuständigen Amtsgericht einzureichen. Dort wird dann auch vom Gericht nach billigem Ermessen über die Kosten des Vorverfahrens entschieden.

3 Schadursachen und Schadbilder an landwirtschaftlichen Kulturen

Schäden an landwirtschaftlichen Kulturen können durch viele Faktoren entstehen. Die eigentlichen Wildschäden stellen jedoch nur einen Teil dieser möglichen Schäden dar. Es kann durchaus vorkommen, dass bei Vorliegen eines Wildschadens Teile des Schadens oder auch der gesamte Schaden auf anderen Ursachen beruhen. Deshalb ist es wichtig, diese Schadbilder zu kennen und vom eigentlichen Wildschaden unterscheiden zu können. Bei Verdacht auf Wildschaden ist es somit wichtig, zunächst alle anderen Schadursachen auszuschließen bzw. zu prüfen, ob mehrere Schadursachen zusammenkommen. Deshalb werden im Folgenden vor den Wildschäden andere mögliche Schadursachen angeführt.

3.1 Witterung

3.1.1 Frost

Frost tritt nicht immer in Verbindung mit Schäden an landwirtschaftlichen Kulturen auf. Die einzelnen Pflanzen sind je nach Art und Sorte unterschiedlich frostfest. Oftmals sind Frostschäden erst nach Ende der Frostperiode an den Kulturpflanzen zu erkennen. Schäden sind nur selten auf einzelne Parzellen oder Parzellenteile beschränkt. Es sind keine Verbissspuren vorhanden, ebenso führen keine Fährten zu den geschädigten Pflanzen. Es fehlen keine Pflanzenteile.

Winterfrost tritt üblicherweise in den Monaten November bis Februar auf und beschränkt sich selten auf einzelne Parzellen.

Spätfröste sind kurzfristige Frosteinbrüche nach Ende der Vegetationsruhe. Die Pflanzen befinden sich bereits in der Wachstumsphase. Das junge Pflanzengewebe ist extrem anfällig für Temperaturen unter dem Gefrierpunkt. Die gefrorenen Pflanzenteile sterben nach dem Auftauen ab und sind dann oft schwarz gefärbt.

3.1.2 Sturm

Schäden durch Sturm und Windbruch können während der gesamten Vegetationsperiode auftreten. Die Schäden sind i. d. R. nicht auf einzelne Parzellen oder Parzellenteile beschränkt, sondern treten flächig auf. Oftmals sind Pflanzenteile abgerissen oder abgeknickt. Keine Verbissspuren und spezifische Fährten. Die Pflanzenteile verbleiben oft in der Parzelle (z. B. zu Boden gedrücktes Getreide).

3.1.3 Hagel

Schäden durch Hagel können während der gesamten Vegetationsperiode auftreten. Die Schäden sind i. d. R. nicht auf einzelne Parzellen oder Parzellenteile beschränkt. Hagel tritt großflächig oder strichweise auf. Grüne Pflanzenteile und Früchte sind von Hagelkörnern durchschlagen, angeschlagen oder abgeschlagen. Geschädigte Triebe hängen abgeknickt herunter und sterben ab. Bei stärkeren Schäden liegen die abgeschlagenen Triebteile auf dem Boden.

Bei starken Hagelfällen oder großen Körnern können auch verholzte Teile geschädigt werden.

Keine Verbissspuren und spezifische Fährten. Die Pflanzenteile verbleiben in der Parzelle.

3.1.4 Regen

Regen, vor allem Starkregen und Gewitter, können an landwirtschaftlichen Kulturen Schäden anrichten. Entweder durch Knicken von Pflanzenteilen, Überschwemmen, Auswaschung von Saatgut oder Erdabschwemmungen (Erosionen).

Auch hier sind keine Verbissspuren und spezifische Fährten vorhanden. Die Pflanzenteile verbleiben in der Parzelle. Oftmals wird kleinflächiges Auswaschen in Reihenrichtung bei Mais als Fasanen- oder Schwarzwildschaden angesehen.

3.1.5 Schnee

Bei langanhaltenden, hohen Schneedecken kann es unter dem Schnee zu Schäden durch Pilze oder Nagetiere kommen. Diese sind erst nach der Schneeschmelze sichtbar. Besonders zu erwähnen ist hier Mäusefraß bei Obstkulturen und Schneeschimmel bei Grünland und Getreide.

Auch hier sind keine Verbissspuren und spezifische Fährten vorhanden. Die Pflanzenteile verbleiben in der Parzelle.

3.2 Lage

Die Lage der einzelnen, genutzten Grundstücke hat einen starken Einfluss auf Qualität und Ertrag der angebauten landwirtschaftlichen Kulturen. Immer wieder kommt es auch hier vor, dass der Faktor Lage unterschätzt wird und dessen negative Auswirkung fälschlicherweise dem Wild zur Last gelegt wird.

Ein Grund für Fehleinschätzungen ist, dass die betroffenen Flächenteile oft klein sind und sich die Kultur auf dem restlichen Acker sehr gut entwickelt.

Spätfrostschaden an Weinreben

Hagelschaden im Weinbau an Trauben

Niederliegendes Getreide durch Sturm

Hagelschaden im Weinbau: Blattschaden

Überschwemmungen durch Starkregen

Nagetierschäden nach dem Wegschmelzen der Schneedecke

3.2.1 Schatten

Gerade in Schattenlagen kann es vorkommen, dass Pflanzen in ihrer Entwicklung weit zurückbleiben bzw. vereinzelt gar nicht keimen. Derartige Beeinflussungen findet man häufig parallel zu Waldrändern. Dies führt immer wieder zu Verwechslungen mit Wildschäden. Es gibt keine Verbissspuren und spezifischen Fährten.

3.2.2 Kuppe

Auf freien Kuppen kann es zu Erosionen durch Wind, inkl. Verwehen der Samen, bzw. bei Regen zu Auswaschungen kommen. Vereinzelt kommt es zu Verwechslungen mit Wildschäden, obwohl auch hier keine Verbissspuren und spezifischen Fährten vorhanden sind.

3.2.3 Niederung

Oftmals kommt es bei der Schneeschmelze oder nach Regen zu Staunässe im Bereich von Niederungen/Senken. Diese Erscheinung kann auch kleinflächig auftreten. Die Folge ist das Absterben von Pflanzen, Keimlingen und Saatgut bzw. eine stockende Pflanzenentwicklung. Verwechslungen mit Wildschäden sind selten kommen aber vereinzelt vor. Auch hier kann man Wildschäden ausschließen, wenn keine Verbissspuren und spezifischen Fährten vorhanden sind.

3.3 Bearbeitungsschäden

Im Rahmen der Bewirtschaftung landwirtschaftlicher Flächen kommt es immer wieder zu Bearbeitungsschäden. Diese Schäden können auch umliegende Flächen betreffen. Bearbeitungsschäden sollten bei der Berechnung der Schadenshöhe berücksichtigt werden.

3.3.1 Maschinen

Schäden durch Maschinen sind in der Regel leicht zu erkennen und zuzuordnen. Wenn einem Wildschaden ein Maschinenschaden vorangeht, ist es wichtig, diesen in Anrechnung zu bringen.

3.3.2 Herbizid

Herbizidschäden entstehen durch Fehler bei der Ausbringung von Herbiziden auf eigenen oder benachbarten Grundstücken. Die meisten Herbizidschäden entstehen durch Abdrift oder Verdampfen des Wirkstoffes. Das Auftreten ist sowohl großflächig als auch punktuell möglich. Besonders gefährlich sind Herbizide, die auf Samen wirken und deren Keimung verhindern. Hier entsteht oft der Eindruck eines Wildschadens.

Gewissheit ergibt sich aus der zeitnahen Suche nach dem Saatgut im Boden. Durch Herbizid abgetötetes Saatgut verbleibt im Boden, bei Wildschaden werden die Samen gefressen. Bei bereits aufgelaufenen Pflanzen zeigt sich das Schadbild durch leichte Schädigungen grüner Pflanzenteile (Verfärbung, Blattdeformationen) bis hin zum Absterben ganzer Pflanzen. Wirkstoffabhängig treten spezifische Symptome auf. Das sichere Erkennen der Schadbilder durch den Fachmann ist somit möglich.

Schaden durch Bearbeitungsfehler

Schaden durch falschen Herbizid-einsatz

3.4 Menschen/Freizeit

Einen zunehmenden Anteil an Schäden in und an landwirtschaftlichen Kulturen verursachen Menschen. Zum Beispiel einfache Diebstähle:

- Das Abreißen von Rebtrieben, weil die Blätter als Spezialität in der Küche landen.
- Beim Abreißen von Maiskolben werden häufig die Stängel mit umgerissen. Um das Ganze weniger auffällig zu gestalten, werden die Kolben nicht am Rand der Felder sondern erst weiter innen im Feld abgerissen.

Weitere Schäden entstehen durch Freizeitaktivitäten z. B. durch

- Mountainbikes
- Motocross – Motorräder
- Geländewagen
- Hunde (Fährtentraining)

Wichtig ist, dass bei Vorliegen echter Wildschäden derartige durch Menschen geschädigte Flächenanteile erkannt werden und nicht dem Wildschaden zugerechnet werden.

3.5 Krankheiten

Sämtliche landwirtschaftlichen Kulturen haben natürliche Gegenspieler. Dazu zählen vor allem Pilze, Bakterien und Viren, die ohne Bekämpfung zu Schäden führen können. Es empfiehlt sich, geschädigte Flächen daraufhin zu prüfen oder von einem Fachmann prüfen zu lassen. Oftmals kann der Schaden nur teilweise dem Wild zugerechnet werden.

3.6 Schadorganismen/Schadtiere

Zu den Schadorganismen bzw. Schadtieren zählt man alle Tiere und Organismen, die zwar Schäden an landwirtschaftlichen Kulturen verursachen, bei denen es sich allerdings nicht um wildschadenspflichtige Schäden handelt. Im Folgenden werden nur die wichtigsten Gruppen mit jeweils einigen Vertretern angeführt.

3.6.1 Insekten/Weichtiere

Bei den Insekten ist vor allem der Maiszünsler als Schädling zu nennen. Die Larven dieses kleinen Schmetterlings können durch ihre Fraß- und Bohrschäden zu hohen Verlusten bei Mais und Hopfen führen. Da durch den Befall mit Maiszünslern die Maisstängel umknicken können, besteht hier eine Verwechslungsgefahr mit einem Schaden, der durch Schwarzwild entstanden ist. Nur die fachmännische Überprüfung sorgt hier für Klarheit. Deshalb im Zweifelsfall Rat erfragen. In der Regel können hier Fachleute der Landwirtschaftsverwaltung helfen.

Hier soll noch eine weitere Gruppe, nämlich die Schnecken, erwähnt werden. Durch ihren Fraß können sie große Schäden an Keimlingen und Früchten verursachen. Ihre Anwesenheit verraten sie durch Schleimspuren. Im Gegensatz zu Wildschäden sind keine Verbissspuren und keine spezifischen Fährten zu erkennen, geschädigte Pflanzenteile verbleiben meist in der Anlage.

Schaden durch Fusarium nivale

Schaden durch Maiszünsler

Schaden durch Vogelschwarm

Schaden durch Mäuse

3.6.2 Vögel

Eine Vielzahl unserer heimischen Vögel kann in landwirtschaftlichen Kulturen Schäden anrichten, siehe Tabelle „Schäden durch Vögel“. Dies beginnt bei dem Auspicken des frisch ausgebrachten Saatgutes, über Fressen der Keimlinge bis hin zum Fressen reifer Früchte und Samen. Ein wichtiges Indiz für Vogelschäden ist die Verkotung von Boden und Pflanzen.

Flugwild und verursachte Schäden werden unter „Schäden durch Wild“ behandelt.

Schäden durch Vögel

Vogelart	Art der Schädigung	Gewichtung des Schadens
Star	Körner- und Beerenfraß	Kann verheerend sein
Amsel	Körner-, Knospen- und Beerenfraß	Zum Teil starke Schäden
Wacholderdrossel	Knospen- und Beerenfraß, anpicken von Früchten	Zum Teil starke Schäden
Sperling	Körner-, Knospen- und Beerenfraß	Unbedeutend
Fasan	Körner-, Knospen- und Beerenfraß. Fraß von Saatgut	Zum Teil starke Schäden
Eichelhäher	Körner-, Knospen- und Beerenfraß, anpicken von Früchten	Schäden überschaubar

3.6.3 Nagetiere

Ein Hauptaugenmerk muss bei dieser Gruppe auf Mäuse und Ratten gelegt werden. Diese können durch Fraß an Pflanzen und Früchten erheblichen Schaden anrichten. Insbesondere sind Sonderkulturen wie Obstbau, Weinbau und Gemüsebau gefährdet. Die Schadbilder variieren stark.

3.7 Schäden durch Wild

Grundsätzlich kann jedes Lebewesen an irgendeiner Kultur einen Schaden anrichten. Das gilt natürlich auch für Tiere, die nach dem Jagdgesetz zu den jagdbaren Wildarten gehören. Hier schränkt jedoch das Bundesjagdgesetz deutlich ein und gibt an, bei welchen Wildarten die Schäden ersatzpflichtig sind. Im Folgenden sind die Wildarten aufgeführt, die nach Auffassung des Autors für eine nähere Betrachtung in Frage kommen. Bei der Betrachtung der einzelnen Wildarten ist angegeben, ob laut Bundesjagdgesetz Schadensersatzpflicht vorliegt oder nicht. Es sei hier nochmals darauf verwiesen, dass es jederzeit möglich ist, die Ersatzpflicht vertraglich auf weitere Tierarten auszudehnen.

3.7.1 Feldhase

Trotz seiner relativen Seltenheit in unseren Revieren treten lokal gehäuft immer wieder Hasenschäden auf.

Wildschäden durch Feldhasen sind nicht ersatzpflichtig.

Schadbild:
- Knospenfraß im Winter und Frühjahr.
- Verbiss von Pflanzen
- Schälen von verholzten Pflanzen

Erkennungsmerkmale:
- Fährten
- Losung
- Schäden bis ca. 60 cm Höhe

Die Trennungslinie ist wie der Schnitt mit einem scharfen Messer.

3.7.2 Wildkaninchen

Wo dieser kleine Nager in unseren Revieren beheimatet ist, treten lokal gehäuft immer wieder Schäden in beachtlicher Höhe auf. Es sind häufig nicht nur die Verbissschäden, sondern das weiträumige Graben von Bauen in landwirtschaftlich genutzten Flächen.

Wildschäden durch Wildkaninchen sind ersatzpflichtig.

Schadbild:
- Knospenfraß im Winter und Frühjahr
- Verbiss von Pflanzen
- Schälen von verholzten Pflanzen

Schaden durch Feldhasen

Schaden durch Wildkaninchen: Graben von Bauen

- Schäden häufig in Sonderkulturen (Obst, Reben)
- Schäden bis ca. 60 cm Höhe

Erkennungsmerkmale:

- Fährten
- Losung

Die Trennungslinie ist wie der Schnitt mit einem scharfen Messer.

3.7.3 Dachs

Häufig wird der Dachs als Verursacher von Wildschäden verkannt, ebenso wird seine Populationsstärke unterschätzt. Wildschäden durch Dachse kommen recht häufig vor, es entstehen aber nur selten Schäden von größerem Ausmaß.

Wildschäden durch Dachse sind nicht ersatzpflichtig.

Schadbild:

- In Reben und Obst Fruchtfraß ab beginnender Reife
- Schäden im Mais ab Milchreife der Kolben

Erkennungsmerkmale:

- Früchte werden nicht abgebissen, sondern abgerissen.
- Fährten
- Losung

Wildkaninchen-Schäden durch Verbiss

Schaden durch Dachs

3.7.4 Waschbär

Häufig wird der Waschbär als Verursacher von Wildschäden verkannt, ebenso wird seine Populationsstärke unterschätzt. Wildschäden durch Waschbären kommen da, wo sie bereits heimisch sind, recht häufig vor. Es entstehen aber nur selten Schäden von größerem Ausmaß.

Wildschäden durch Waschbären sind nicht ersatzpflichtig.

Schadbild:
- An Reben, Obst und Gemüse Fruchtfraß ab beginnender Reife
- Schäden im Mais ab Milchreife der Kolben

Erkennungsmerkmale:
- Fährten
- Losung

3.7.5 Sikawild

Schäden durch Sikawild halten sich in Grenzen, sie sind in der Regel regional eng begrenzt. Gerne werden vom Sikawild Ähren am reifenden Getreide oder junge Pflanzen im Herbst und Winter gefressen. Beim Auftreten vieler Tiere kann es zu größeren Schäden kommen. Die Schäden sind nur schwer zuzuordnen und werden häufig mit Schäden durch andere Wildarten verwechselt.

Schaden durch Waschbär

Schaden durch Sikawild

Größere Schäden entstehen vor allem im Wald (Schälschäden).
Wildschäden durch Sikawild sind ersatzpflichtig.

Schadbild:
- abgefressene Ähren
- abgefressene Pflanzen
- Lagerstellen im Getreide

Erkennungsmerkmale:
- Fährten
- Losung

3.7.6 Damwild

Schäden durch Damwild halten sich in Grenzen; sie sind in der Regel regional eng begrenzt. Gerne werden vom Damwild im Herbst aufgehende Saaten von Getreide und Raps oder Ähren am reifenden Getreide gefressen. Beim Auftreten vieler Tiere kommt es zu größeren Schäden. Die Schäden sind nur schwer zuzuordnen und werden häufig mit Schäden durch andere Wildarten verwechselt.

Größere Schäden entstehen vor allem im Wald oder an Sonderkulturen (Schälschäden).

Wildschäden durch Damwild sind ersatzpflichtig.

Schaden durch Damwild

Schadbild:
- abgefressene Jungpflanzen (Wintersaat von Getreide und Raps)
- abgefressene Ähren, Lagerstellen im Getreide

Erkennungsmerkmale:
- Fährten
- Losung

3.7.7 Rotwild

Schäden durch Rotwild sind in der Regel regional eng begrenzt, können aber sehr groß werden. Gerne werden vom Rotwild aufgehende Saaten im Herbst, Winter und Frühling oder Ähren am reifenden Getreide gefressen. Ebenso kommt es zu Verbiss- und Schälschäden an Dauerkulturen. Diese sind sehr kostenintensiv. Größere Schäden entstehen vor allem auch im Wald (Schälschäden).

Wildschäden durch Rotwild sind ersatzpflichtig.

Schadbild:
- abgefressene Pflanzen
- abgefressene Ähren
- Lagerstellen im Getreide
- abgefressene Früchte und Pflanzenteile
- Schälschäden an Sonderkulturen

Schaden durch Rotwild in Getreide

Schaden durch Rotwild: Verbiss

Erkennungsmerkmale:
- Fährten
- Losung

3.7.8 Gamswild

Schäden durch Gamswild kommen auf landwirtschaftlich genutzten Flächen nur sehr selten vor. Größere Schäden entstehen vor allem im Wald/Bergwald (Schälschäden).

Wildschäden durch Gamswild sind ersatzpflichtig.

Schadbild:
- Fraßschäden an Pflanzen

Erkennungsmerkmale:
- Fährten
- Losung

3.7.9 Steinwild

Wildschäden durch Steinwild an landwirtschaftlichen Kulturen sind dem Autor nicht bekannt. Steinwild verursacht Schäl- und Schlagschäden an Bäumen.

Wildschäden durch Steinwild sind ersatzpflichtig.

3.7.10 Muffelwild

Schäden durch Muffelwild halten sich in Grenzen, sie sind in der Regel regional eng begrenzt. Gerne werden vom Muffelwild aufgehende Saaten und Ähren am reifenden Getreide gefressen. Größere Schäden entstehen vor allem im Wald (Schäl-, Ramm- und Verbissschäden).

Wildschäden durch Muffelwild sind ersatzpflichtig.

Schadbild:

- Fraßschäden an Pflanzen und Früchten
- Tritt- und Lagerschäden

Erkennungsmerkmale:

- Fährten
- Losung

3.7.11 Schwarzwild

Auf Grund seiner steigenden Populationsdichte und schon bald ganzflächigen Ausbreitung in Deutschland, finden sich auch zunehmend Schäden durch Schwarzwild. Da Schwarzwild überwiegend in Rotten auftritt und jedes Einzeltier eine große Futtermenge zu sich nimmt, kommt es zu Schäden von beachtlicher Höhe. Es entstehen nicht nur Fraßschäden an Pflanzen und Früchten, sondern auch Wühlschaden im Boden, wenn Schwarzwild im Gebräch steht. Auch in Sonderkulturen richtet Schwarzwild Schäden an, vor allem in Weinbergen, in Gemüseflächen und Obstkulturen.

Wildschäden durch Schwarzwild sind ersatzpflichtig.

Muffelwild

Schwarzwild (Bache mit Frischlingen)

Schaden durch Schwarzwild in einer Rebanlage

Schadbild:

- Umgewühlter Oberboden, bevorzugt in humosen Böden mit Stroh-, Mulch- oder Mistauflage, bzw. wenn diese Stoffe im Oberboden eingearbeitet sind. Hier kommt es häufig zur Zerstörung der Bodenoberfläche.
- Umbruch von Grünlandflächen und Obstwiesen auf der Suche nach Mäusen, Würmern, Insektenlarven.
- In Sonderkulturen kann es durch die entstehenden Unebenheiten bis zur Unbefahrbarkeit kommen. Die Beseitigung dieser Schäden ist mit sehr hohen Kosten verbunden.
- Ausgraben und fressen von Saatgut (Kartoffeln/Mais).
- Fruchtfraß ab beginnender Reife.

Schaden im Grünland durch Schwarzwild

Schwarzwild-Schaden im Mais

Erkennungsmerkmale:

- Fährten
- Losung
- abgerissene Pflanzenteile
- umgebrochener Boden

3.7.12 Rehwild

Rehwild ist flächendeckend in allen Revieren anzutreffen. In den Weinbergen findet Rehwild nicht nur einen relativ ruhigen Einstand, sondern im modernen, naturnahen Weinbau auch ganzjährig ein üppiges Äsungsangebot. Auf Grund seiner Standorttreue entstehen durch wiederholtes Äsen Schäden von oft beträchtlicher Höhe.

Wildschäden durch Rehwild sind ersatzpflichtig.

Rehwild frisst auch Trauben

Verbissschaden durch Rehwild

Schadbild:

- Knospenfraß im Frühjahr.
- Triebfraß während der ganzen Vegetationsperiode; üblicherweise werden die jungen Triebe und die Triebspitzen abgefressen.
- Fruchtfraß ab beginnender Reife/Milchreife. Die Früchte werden dabei mit dem Äser aufgenommen und ganz bzw. teilweise gefressen oder nur einzelne Früchte abgestreift und gefressen.

Besonders groß können die Schäden in Sonderkulturen (Rebanlagen) sein.

Erkennungsmerkmale:

- Fährten
- Losung
- Früchte vom Stielgerüst abgestreift
- Triebe an der Bruchstelle gequetscht und abgerissen

3.7.13 Tauben

Tauben richten vor allem im Frühjahr und im Herbst zur Zeit der Aussaat Schäden an. Da die Tauben meist in Schwärmen auftreten, kann der Schaden beachtlich sein. Gefressen werden Saatgut und keimende Pflanzen. Getreide und Raps gehören zu den bevorzugten Kulturen.

Wildschäden durch Tauben sind nicht ersatzpflichtig.

Schadbild:
- Fraßschäden an Saaten, Jungpflanzen und reifenden Körnerfrüchten

Erkennungsmerkmale:
- sichtbare Schwärme
- Losung

3.7.14 Krähen

Krähen richten vor allem im Frühjahr und im Herbst zur Zeit der Aussaat Schäden an. Da sie meist in Schwärmen auftreten, kann der Schaden beachtlich sein. Gefressen werden Saatgut und keimende Pflanzen. Mais, Getreide und Raps gehören zu den bevorzugten Kulturen. Große Schäden können Krähen auch durch das Fressen oder Anpicken von Früchten an Obst, Reben und Gemüsekulturen verursachen.

Wildschäden durch Krähen sind nicht ersatzpflichtig.

Schadbild:
- Fraßschäden an Saaten, Jungpflanzen und reifenden Körnerfrüchten
- Schäden durch Anpicken oder Fraß von Trauben, Obst und Gemüse

Erkennungsmerkmale:
- sichtbare Schwärme
- Losung

3.7.15 Enten

Enten können in Gewässernähe durch Aufnahme von Saatgut oder Beäsen von Jungpflanzen Schäden verursachen. Diese Schäden haben in der Regel keine wirtschaftliche Bedeutung. Dem Autor sind keine größeren Schäden durch Enten bekannt.

Wildschäden durch Enten sind nicht ersatzpflichtig.

Taubenschwarm auf frisch ausgesätem Acker

Krähenschwarm

Schadbild:
- Fraßschäden an Saaten, Jungpflanzen
- Verkotung der Fläche

Erkennungsmerkmale:
- sichtbare Tiere
- Losung

3.7.16 Schwäne

Schwäne können in Gewässernähe durch Aufnahme von Saatgut oder Beäsen von Jungpflanzen Schäden verursachen. Dem Autor sind sogar Schäden bekannt, bei denen durch Schwäne Weinberge in Gewässernähe beäst und die reifenden Trauben gefressen wurden. Diese Schäden haben in der Regel keine wirtschaftliche Bedeutung. Dem Autor sind keine größeren Schäden durch Schwäne bekannt.

Wildschäden durch Schwäne sind nicht ersatzpflichtig.

Schadbild:
- Fraßschäden an Saaten, Jungpflanzen
- Fraß reifender Trauben
- Verkotung der Fläche

Erkennungsmerkmale:
- sichtbare Tiere
- Losung

3.7.17 Gänse

Gänse können auf landwirtschaftlichen Flächen beachtliche Schäden anrichten. Dies vor allem im Spätherbst/Winter durch Fraß auf Flächen, die mit Getreide oder Raps bestellt sind. Ebenso kommt es häufig zu Fraßschäden an Feldgemüse. Das Auftreten der Gänse in Schwarmform verstärkt die Höhe der Schäden. Ein weiteres Problem ist die Verkotung der betroffenen Flächen.

Wildschäden durch Gänse sind nicht ersatzpflichtig.

Schadbild:
- Fraßschäden an Saaten und Jungpflanzen
- Fraß von Feldgemüse
- Verkotung der Fläche

Erkennungsmerkmale:
- sichtbare Tiere
- Losung

3.7.18 Fasan

Schäden durch Fasanen zeigen sich durch Fraß von Saatgut, vor allem von Mais und Getreide, aber auch von Bohnen und Erbsen sowie das Herausreißen und Fressen von Keimlingen. Oftmals kann der Schaden durch Nachsaat behoben werden.

Wildschäden durch Fasanen sind ersatzpflichtig.

Schadbild:
- Fraßschäden an Saaten und jungen Keimlingen
- Spuren durch das Picken

Erkennungsmerkmale:
- sichtbare Tiere
- Losung
- Abdrücke

Fasan im Jungmais

4 Schadensverhinderung

So vielfältig wie die Wildschäden, so vielfältig sind auch die Ideen und Methoden zur Wildschadensabwehr. Im Folgenden werden einige erprobte Abwehrmaßnahmen beschrieben:

4.1 Zäune

Zäune schützen immer noch am besten vor unerwünschten Gästen auf landwirtschaftlichen Flächen. Aber auch hier geht es nicht ohne Regeln.

4.1.1 Fester Zaun

Eine feste Einzäunung stellt eine Schutzmaßnahme dar, die für einen mittelfristigen Zeitraum geplant ist. Diese Art der Schadensverhinderung ist die Sicherste aber auch die Teuerste. Soll die Wirksamkeit der Zäunung gewährleistet sein, muss diese gewissen Anforderungen (s. Bundesjagdgesetz) entsprechen, um der gefährdenden Wildart auch sicher den Zugang zur Kultur zu verwehren. In der Regel ist ein fester Zaun genehmigungspflichtig.

Die Zugangsmöglichkeiten (Tore) zur Kultur müssen immer zuverlässig geschlossen werden. Sonst kann es unter Umständen zu einem noch schlimmeren Schaden kommen, wenn das Wild eingesperrt wird.

4.1.2 Fliegender Zaun

Ein beweglicher Zaun für den kurzfristigen Einsatz. Er verbleibt während der Gefährdungsphase innerhalb einer Vegetationsperiode an der gefährdeten Kultur und kann am Ort der Gefährdung aufgebaut werden. Er benötigt keine amtliche Genehmigung. Auch er muss immer geschlossen gehalten werden. Beim Aufbau ist sicherzustellen, dass kein Wild eingesperrt wird.

4.1.3 Elektrozaun

Ein beweglicher Zaun für den kurzfristigen Einsatz. Er verbleibt während der Gefährdungsphase innerhalb einer Vegetationsperiode an der gefährdeten Kultur und kann am Ort der Gefährdung aufgebaut werden. Er benötigt keine amtliche Genehmigung. Auch er muss immer geschlossen gehalten werden. Beim Aufbau ist sicherzustellen, dass kein Wild eingesperrt wird.

Er bietet nur eingeschränkte Sicherheit und ist teuer in Anschaffung und Unterhalt.

Dazu erfordert er eine regelmäßige Kontrolle und Wartung: Akku-Kontrolle, Freischneiden von Unkraut. Das Anbringen von Warnhinweisen ist vorgeschrieben.

Fester Zaun

Elektrozaun

4.1.4 Einzelpflanzenschutz

Wird erfolgreich zum Schutz von Einzelpflanzen v. a. in Sonderkulturen eingesetzt (Bäume, Reben).

4.2 Vergrämung

Hierunter versteht man das Ausbringen von Stoffen, die auf Grund ihrer spezifischen Eigenschaften das Schadwild von den Nutzpflanzen fernhalten.

Einzelpflanzenschutz an Reben

Vergrämung mit Wildverwitterungsmittel

4.2.1 Duftstoffe

Hierunter versteht man das Ausbringen von Stoffen, die auf Grund ihres Geruches das Schadwild vom Verzehr der Nutzpflanze abhalten. In der Praxis wird diese Maßnahme gegen Schwarzwild, Rehwild und Feldhasen/Wildkaninchen eingesetzt.

Nachteile:

- Zeitlich eng begrenzte Wirkungsdauer, abhängig von Konzentration, Witterung, Niederschlag, Triebzuwachs.
- Nur bei Saatgut, Jungpflanzen oder beim Austrieb zu empfehlen wegen der möglichen Geschmacksbeeinflussung des Erntegutes.

4.2.2 Beschallung

Eine zumindest zu Beginn der Maßnahme wirkungsvolle Art der Wildvergrämung. Im Laufe der Zeit stellt sich ein gewisser Gewöhnungseffekt ein. Es gibt hier verschiedenen Methoden:

- Aufhängen von Transistorradios.
- Anbringen von Geräten, die Angstschreie von Tieren ausstoßen (Obstbau/Weinbau).
- Anbringen von sogenannten Schussapparaten. Diese werden mit Propangas betrieben und geben in bestimmten Intervallen schussähnliche Knallgeräusche von sich. Die Aufstellung bedarf einer Genehmigung.

Diese Geräte bedürfen einer regelmäßigen Wartung und Überprüfung; außerdem sind sie diebstahlgefährdet.

4.3 Abschreckung

Bei dieser Methode der Vergrämung wird versucht, mittels verschiedener Hilfsmittel die Schadtiere von der gefährdeten Fläche fernzuhalten. Je nach Ausführung und gewähltem Medium bringen diese Methoden kurzfristig gute Erfolge. Mittelfristig tritt jedoch ein Gewöhnungseffekt ein, so dass die Methode deutlich an Effizienz verliert.
Möglichkeiten:

- Aufhängen von flatternden Bändern. Es werden Bänder aus verschiedenen Materialien (Plastik, Alufolie) in unterschiedlichsten Farben und Längen ausgehängt. Die Bänder sollen die Tiere durch Wedeln im Wind erschrecken und vertreiben. Über die ganze Fläche gespannte Bänder dienen in erster Linie dazu, Vögel abzuhalten. Eine einfache und kostengünstige Methode.
- Das Aufhängen von CDs. In jüngerer Zeit werden vermehrt CDs mit dünnen Schnüren frei beweglich am Rand und in den Grundstücken aufgehängt. Diese bewegen sich im Wind und reflektieren im Sonnenlicht. Eine einfache und kostengünstige Methode.

5 Schadensdokumentation

Jetzt gilt es, die Schäden zu dokumentieren und zu quantifizieren. Die so erhobenen Werte dienen anschließend zur Beurteilung des Schadens und zur Berechnung der Schadenshöhe.

5.1 Prüfen des Anspruchs

Als Erstes ist die Rechtmäßigkeit des Anspruchs zu überprüfen. Dabei geht man am besten schematisch vor:

1. Ist die Anmeldefrist gewahrt?
2. Handelt es sich um einen Wildschaden?
3. Ist der Schaden ersatzpflichtig? (ersatzpflichtige Wildart, befriedeter Bezirk)
4. Ist der Schaden auf dem angegebenen Flurstück?
5. Handelt es sich um die angegebene Kultur?
6. Wichtig: Alles schriftlich festhalten!

5.2 Protokoll

Jeder Schritt wird in einem Protokoll festgehalten. Am einfachsten wird auch hier nach der immer gleichen Systematik vorgegangen. Im Kapitel Beispiele findet sich ein Protokollformular.

Erheben der Personendaten:
Von allen Beteiligten: Name, Anschrift, Tel./Fax
Evtl. bei Gruppen den Ansprechpartner nennen lassen.

Erheben der Grundstücksdaten:
Gemarkung, Gewann, Flurstücksnummer, Parzellengröße

Sollte nicht von einer gütlichen Einigung ausgegangen werden, macht es Sinn, einen Unbeteiligten als Zeugen zum Ortstermin mitzunehmen und dies auch zu protokollieren. Im Protokoll werden sämtliche Daten von der Meldung bis zum Abschluss des Ortstermins erfasst.

5.3 Lichtbilder

Lichtbilder des Schadens und der Umgebung sind bei späteren Auseinandersetzungen sehr wichtige Beweismittel. Aufnahmen mit dem Handy sind in der Regel nicht sehr aussagekräftig. Am besten eignen sich für die Beweisaufnahme scharfe Aufnahmen, die mit einer digitalen Spiegelreflexkamera erstellt wurden. Im Zeitalter der digitalen Fotografie muss bei den Bildern nicht gespart werden. Lieber mehr als zu wenig (Beispielfoto siehe „Schwarzwild-Schaden im Mais“).

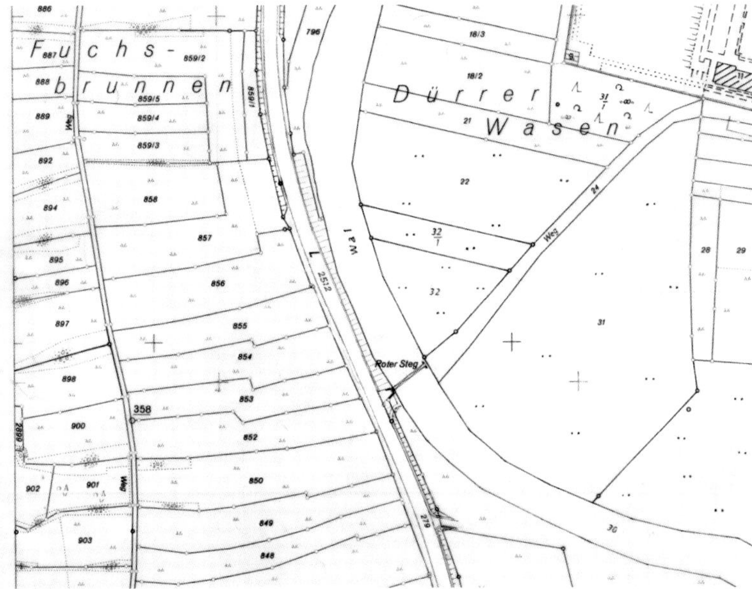

Beispiel: Flurkarte mit Orthophoto

Wichtig ist auch die Qualität der Bilder. Es sollten Aufnahmen des gesamten Grundstücks, der betroffenen Flächenteile, aber auch Detailaufnahmen der geschädigten Pflanzen und Früchte sowie, falls auffindbar, Aufnahmen von Fährten und Losung gemacht werden. Gute Übersichtsaufnahmen erhält man von einer höher gelegenen Stelle aus, z. B. Geländeerhebung, Hochsitz, Leiter, Autodach, usw. Die Bilder sind übersichtlich zu nummerieren und zu benennen.

5.4 Flurkarten oder Orthofotos

Bei größeren Schäden empfiehlt es sich, Flurkarten oder Orthofotos des betreffenden Grundstücks heranzuziehen und darauf die Verteilung der Schäden einzuzeichnen. Das ist heute über Google maps oder andere Geoinformationssysteme kein großer Aufwand mehr. In der Regel kann jeder Landwirt so auf ein digitales Kartensystem zugreifen.

6 Schadensermittlung

Jetzt beginnt die schwierigste Aufgabe bei der Wildschadensregulierung. Auch hier empfiehlt sich ein systematisches Vorgehen und Abarbeiten einer „Checkliste“:

- Was sieht man auf der Fläche? Fehlstellen, Tiere?
- Welche Spuren sind vorhanden? Schlepperspuren, Fährten, Kot, Fraßreste, Wildwechsel (in welcher Richtung), Motorradspuren, etc?
- Sind Fehlstellen vorhanden, die nicht durch Tiere verursacht wurden?
- Sind Spuren/Reste der geschädigten Pflanzenteile vorhanden?
- Sind Spuren an den geschädigten Pflanzen vorhanden? Biss- oder Nagespuren, Kot?
- Sind Schäden durch andere Ursachen vorhanden? Schäden durch anderes Wild, Unfallschäden, witterungsbedingte Schäden wie Frost oder Hagel?
- Handelt es sich überhaupt um den angegebenen Schaden?
- Sind ältere oder jüngere Schäden vorhanden, die durch das gleiche Wild verursacht, aber bei der Schadensmeldung nicht berücksichtigt wurden? Diese sind dann nicht ersatzpflichtig. Ersatzpflichtig sind nur die Schäden, die bei der Schadensmeldung vorhanden waren und nicht älter als maximal 5 Wochen waren. Erklärung: Eine Woche Frist zur Meldung nach Kenntnisnahme und nach guter landwirtschaftlicher Praxis Kontrolle der Schläge alle 4 Wochen.

Bei der Abarbeitung dieses Fragenkataloges ist es wichtig, ausführlich alle Beobachtungen zu protokollieren und Lichtbilder anzufertigen. Ist absehbar, dass eine gerichtliche Auseinandersetzung folgen wird, ist es empfehlenswert, einen unabhängigen Zeugen hinzuzuziehen oder noch besser einen öffentlich bestellten und vereidigten Sachverständigen mit der Beweissicherung zu beauftragen.

Die Adressen von Sachverständigen erhält man bei Verbänden, Kammern, Ministerien (siehe „Wichtige Adressen“).

6.1 Ermittlung des Schadensumfanges

Der Umfang des Schadens kann mit verschiedenen Methoden ermittelt werden. Die Auswahl der Methodik orientiert sich an der Größe des Schadens.

6.1.1 Abschätzen

Diese Methode ist mit Abstand die unsicherste Art der Schadensermittlung. Die Abschätzung einer Schadenshöhe setzt sehr viel Routine und Erfahrung voraus. Nur so wird gewährleistet, dass die geschätzten Werte auch vertretbar sind. Bei Bagatellfällen hat sich diese Methode gut bewährt, da sonst oft die Verfahrenskosten den Streitwert übersteigen.

6.1.2 Abmessen

Flächenskizzen, Lageskizzen und Anlagendaten (Reihenabstand, Pflanzenabstand) werden vor Ort ausgemessen und dokumentiert. Flächige Schäden, wie z. B. Umbruchschäden durch Schwarzwild, werden ausgemessen und die Lage und Größe auch der einzelnen Teilflächen festgehalten.

6.1.3 Auszählen

Beim Auszählen wird bei kleineren Schäden auf der gesamten geschädigten Fläche der Schaden an z. B. Trauben und Trieben ausgezählt. Bei größeren Schäden werden repräsentative Teilflächen bestimmt und dort ausgezählt. Diese Werte werden auf die Gesamtschadensfläche übertragen. Es kann nötig sein, Teilflächenberechnungen mit verschiedenen Gewichtungen durchzuführen.

Es empfiehlt sich hierbei, die Lage der ausgezählten Flächen in einer Lageskizze zu dokumentieren. Außerdem sind aus Gründen der Repräsentativität mindestens drei Teilflächenauszählungen notwendig. Sinnvollerweise werden die auszuzählenden Teilflächen in Übereinstimmung mit den Parteien ausgewählt.

Wichtig: Es müssen auch ungeschädigte Vergleichsflächen ausgezählt werden.

Diese Methode ist sehr exakt, aber auch sehr zeit- und kostenaufwändig.

Bei flächigen Schäden in größeren Schlägen (Mais, Getreide), kann die geschädigte Fläche auch direkt nach der Ernte bestimmt werden, da an den umgedrückten, nicht geernteten Pflanzen die Schadensfläche erkennbar ist. So ist die genaue Schadensfläche errechenbar. Wird der Schlag separat geerntet, steht dann auch die genaue Erntemenge fest. Aus der geschädigten Fläche und der Erntemenge kann schließlich exakt die verlorene Erntemenge durch den Wildschaden ermittelt werden.

6.2 Erheben von Kenndaten

Hier werden jetzt die für die Berechnung der Schadenshöhe nötigen Werte ermittelt. Häufig existieren in den einzelnen Bundesländern Datensammlungen der Verbände oder Maschinenringe. Diese Datensammlungen können als Berechnungsgrundlage herangezogen werden.

Zu erheben sind:
- Kulturdaten
- Kulturart (Kartoffeln);
- Sorte (Pompadour)
- Art der Produktion (Konventionell/Ökol.)

Hier entstehen erhebliche Unterschiede bei der Entschädigung bzw. Ersatzbeschaffung.

6.2.1 Art der Vermarktung

Die Art der Vermarktung hat erheblichen Einfluss auf den anzusetzenden Marktpreis.
- Ablieferung im Erfassungsbetrieb
- Selbstvermarktung

6.2.2 Arbeitskosten

Hier wird in der Regel auf Daten aus bestehenden Datensammlungen zurückgegriffen. Lohnansätze gewerblicher Anbieter (Handwerker) sind als Berechnungsgrundlage nicht geeignet und werden normalerweise bei Gericht auch nicht anerkannt.

6.2.3 Maschinenkosten

Hier wird in der Regel auf Daten aus bestehenden Datensammlungen zurückgegriffen. Lohnansätze gewerblicher Anbieter (Handwerker) sind als Berechnungsgrundlage nicht geeignet und werden normalerweise bei Gericht auch nicht anerkannt.

6.2.4 Materialkosten

Die Kosten für benötigtes Material können vom Geschädigten anhand von Belegen nachgewiesen oder beim regionalen Handel erfragt werden.

6.3 Prüfen von Bewertungsfaktoren

Für eine Berechnung der Schadenshöhe sind noch einige weitere Punkte zu beachten:

6.3.1 Staatliche Förderungen

Ist die geschädigte Fläche in eine Fördermaßnahme eingebunden, muss geprüft werden, ob der Förderanspruch durch den entstandenen Wildschaden entfällt. Ebenso ist zu prüfen, ob dadurch ein mehrjähriger Förderanspruch entfällt und gegebenenfalls Rückzahlungen an die Förderstelle durch den Geschädigten entstehen. Diese Ausfälle von Förderleistungen oder Rückzahlungen sind ebenfalls zu entschädigen.

6.3.2 Eventuelle Einsparung von Produktionskosten

Es ist zu prüfen, inwieweit durch den Wildschaden Produktionskosten eingespart wurden. Dies könnten z. B. Transportkosten für Erntegut oder Trocknungskosten bei Mais oder Getreide sein. Diese sind dann bei der Schadensberechnung ebenfalls zu berücksichtigen.

6.3.3 Umsatzsteuerliche Fragen

In der Landwirtschaft können die Betriebe unter bestimmten Voraussetzungen wählen, ob sie zur Umsatzsteuer pauschalieren oder optieren.

Dabei bedeutet optieren: der Betrieb ist zum Abzug der Vorsteuer berechtigt, d. h. es wird bei der Umsatzsteuererklärung die Summe aller eingenommenen Mehrwertsteuerbeträge und die Summe aller verausgabten Mehrwertsteuerbeträge gegeneinander verrechnet und der Differenzbetrag, sofern mehr Mehrwertsteuer eingenommen als ausgegeben wurde, an das Finanzamt abgeführt. Im umgekehrten Fall wird der Differenzbetrag erstattet. Bei dieser Regelung wird der Schadensbetrag ohne die Umsatzsteuer berechnet und diese dem Geschädigten nicht ausbezahlt.

Pauschalierende Betriebe hingegen sind nicht Vorsteuerabzugsberechtigt, d. h., es kann keine Verrechnung der eingenommenen und verausgabten Mehrwertsteuer erfolgen. Bei Ausgangsrechnungen wird ein angesetzter Mehrwertsteuersatz ausgewiesen. Davon ist ein vorgegebener Anteil an das Finanzamt abzuführen, der Rest verbleibt beim Landwirt.

Beispiel: Ein Betrieb verkauft 100 Liter Wein für 1,00 € je Liter zuzgl. 19 % MwSt. Der Betrieb erhält 119 € vom Käufer. Davon hat der Betrieb 10,7 % MwSt., also 10,70 € an das Finanzamt abzuführen. Die restlichen 8,3 %, also 8,30 €, verbleiben dem Betrieb als Einnahme. Bei so einer Konstellation ist dem Geschädigten außer dem Schadensbetrag noch sein MwSt.-Anteil von 8,3 % zu bezahlen. Die Aufsplittung der MwSt. ist festgelegt und kann beim zuständigen Steuerberater erfragt werden.

6.3.4 Wiederbesichtigung vor der Ernte

Jede der Parteien ist berechtigt, eine abschließende Schätzung kurz vor oder während der Ernte zu fordern. Bei größeren Schäden ist dies durchaus sinnvoll. Bagatellschäden werden der Einfachheit halber sofort geregelt.

Sofortige Regelung mit Zahlung birgt Nachteile und Risiken für den Ersatzpflichtigen.

Sollte zwischen Besichtigung und Erntetermin das Erntegut vernichtet werden (Hagel, Abbrennen, etc.) wäre ein Ausgleich des Wildschadens nicht mehr, bzw. nur noch anteilig nötig, da nur eine Ersatzpflicht zum Zeitpunkt der Ernte besteht.

6.3.5 Fälligkeit der Ausgleichszahlung

Der Entschädigungsbetrag steht dem Geschädigten erst zum Zeitpunkt zu, an dem er normalerweise auch das Geld für sein Produkt erhalten würde. Hier sind gegebenenfalls Abzinsungen möglich bzw. ist die Zahlung erst zu einem späteren Zeitpunkt zu vereinbaren. Die Entschädigungszahlung ist buchhalterisch als Einnahme zu verbuchen und dem Ersatzpflichtigen muss eine ordnungsgemäße Rechnung/Quittung ausgestellt werden.

6.4 Berechnung der Schadenshöhe

Dieser abschließende Schritt ist, basierend auf den bereits erhobenen Daten, reine, für jeden Fall spezifische Rechenarbeit.

Zu beachten:

- Ist nur Schwarzwildschaden gemeldet, sind weitere vorkommende und ersatzpflichtige Schäden durch andere Wildarten nicht zu beachten und nicht zu entschädigen
- Es ist nur der Schaden zu beachten, der gemeldet wurde. Frühere oder seit der Meldung hinzugekommene Schäden sind nicht zu entschädigen, falls diese nicht separat gemeldet wurden. Wird eine zweite Besichtigung vor der Ernte vereinbart, sind weitere bis zu diesem Zeitpunkt auftretende Wildschäden jeweils einzeln und gesondert zu melden, sofern nichts Anderes zwischen den Parteien vereinbart wurde.
- Erfolgt zwischen Erstschätzung und Ernte der Untergang der Ernte oder eines Teiles davon (Hagelschlag im Mais, Abbrennen eines Getreidefeldes, etc.) so ist der Wildschaden anteilig zu reduzieren.

Beispiel 1: 40 % Hagelschlag in Körnermais, geschätzter Wildschaden 20 %. Der Wildschaden ist ebenfalls um 40 % zu reduzieren. Es verbleibt ein Wildschaden von 12 %.

Beispiel 2: 100 % Feuerschaden auf Getreidefeld. Vorher geschätzter Wildschaden: 30 %. Der Wildschaden reduziert sich ebenfalls um 100 %. Es verbleibt kein ersatzpflichtiger Wildschaden.

Den schematischen Rechenweg zeigt das nachfolgende Schema "Rechenweg".

6.4.1 Beispiele

Hier schildert der Autor selbst erlebte Fälle als Beispiele mit teilweise skurrilem Hintergrund.

Beispiel 1: Der Jäger stellt in einem Acker Wildschaden durch Schwarzwild fest. Wie verhält er sich?

▶ Er braucht, außer einer intensiven Bejagung im eigenen Interesse, nichts zu unternehmen. Er ist nicht verpflichtet, den Schaden zu melden.

Schema „Rechenweg"

Ertragsverlust: Festgestellte Schadensfläche (m^2) mal Ertrag (kg/m^2) mal Erlös (€/kg) = Schadenssumme (€)	*Werte aus Datenerhebung vor Ort und den Verkaufspreisen des Produktes*
zuzüglich	
Mehraufwand auf Grund schadensbedingter Maßnahmen: Arbeitszeit (h) mal Stundenlohn (€/h) *plus* Maschinenstunden (h) mal Maschinenkosten (€/h) *plus* Materialkosten (€) = Summe Mehraufwand (€)	*Nachweis durch Belege oder anhand von Schätzung und Tabellenwerten*
zuzüglich	
Verlorene Fördergelder (€)	*Durch Nachfrage bei den zuständigen Ämtern*
abzüglich	
Einsparung von Produktionskosten: Arbeitszeit (h) mal Stundenlohn (€/h) *plus* Maschinenstunden (h) mal Maschinenkosten (€/h) *plus* Materialkosten (€) = Summe Einsparung (€)	*Nachweis durch Belege oder anhand von Schätzung und Tabellenwerten*
ergibt	
Schadensbetrag ohne Mehrwertsteuer (€)	
zuzüglich	
evtl. Mehrwertsteuer (€)	*Erfragen beim Steuerberater*
ergibt	
Schadensausgleich (€)	*Zahlbetrag*

Beispiel 2: Anfang Juli wird im Getreide ein Verbissschaden durch Rehe festgestellt und vom Landwirt ordnungsgemäß gemeldet. Beim darauffolgenden Ortstermin wird folgendes festgestellt:

1. Außer dem Rehschaden vom Juli wird noch ein Rehschaden vom Mai festgestellt. Was passiert? Wie wird entschädigt?

▶ Der Rehschaden vom Mai war nicht gemeldet worden. Die Kenntnisnahmefrist bei Bewirtschaftung nach guter fachlicher Praxis war überschritten. Es wird nur der Schaden vom Juli entschädigt.

2. Außer dem Rehschaden vom Juli wird aber noch ein Schwarzwildschaden vom Juli festgestellt. Was passiert? Wie wird entschädigt?

▶ Der Schwarzwildschaden war nicht gemeldet worden. Es wird nur der gemeldete Rehschaden entschädigt.

Beispiel 3: Von einem Landwirt wird bei der Kommune termingerecht Wildschaden durch Schwarzwild geltend gemacht. Höhe der Forderung durch den Landwirt: 1500 €.

Es kommt zum Streit. Bei Gericht legen beide Parteien Gutachten vor, die sie selbst erstellen ließen.

Der Landwirt legt ein Gutachten eines Wildschadenschätzers über 980 € vor und fordert diesen Betrag ein.

Der Jäger holt sich einen öffentlich bestellten und vereidigten Sachverständigen. Dieser stellt fest, dass außer Schwarzwildschäden noch Rehwildverbiss, Vogelfraß und Befahren mit Geländewagen als Schadensverursacher auftreten. Der Sachverständige ermittelt eine durch Schwarzwild verursachte Schadenshöhe von insgesamt 119 €.

Wie geht der Fall vor Gericht aus?

▶ Das Gericht sieht von der Hinzuziehung eines weiteren Gutachters ab. Die Befragung der beiden Parteigutachter ergab, dass der öffentlich bestellte und vereidigte Sachverständige exakter gearbeitet hat als der einfache Wildschadensschätzer. Den Parteien wurde empfohlen, sich in einem Vergleich auf die vom Sachverständigen ermittelte Schadenshöhe zu einigen, was letztendlich auch geschah.

Beispiel 4: In einem Getreideacker legt ein Fuchs einen Notbau an. Bei der Getreideernte bricht der Mähdrescher mit einem Hinterrad in den Bau ein. An der Maschine entsteht ein Schaden von 6.000 €. Was geschieht? Muss der Jagdpächter bezahlen?

▶ Nein. Schäden an Maschinen und Geräten, auch als Folge eines Wildschadens, sind nicht als Wildschaden zu werten und nicht entschädigungspflichtig.

7 Zusammenfassung

- Verhindern ist besser als regulieren.
- Regulieren im Einvernehmen ist die friedlichste und billigste Lösung.
- Dokumentieren Sie Schäden! Nutzen Sie dazu Checklisten oder Vorlagen von Jagdverbänden.
- Achten Sie darauf, dass Sie vorgeschriebenen Abläufe einhalten.
- Veranlassen Sie die Beweissicherung durch einen Fachmann, sobald ein Streitfall absehbar ist.
- Ein „Präzedenzfall" kann helfen, wiederkehrenden Streit einzudämmen.
- Die Erstellung eines Sachverständigengutachtens ist kompliziert und aufwändig, ergibt aber teilweise überraschende Ergebnisse.

Service

Übersicht: wichtige Wildfährten

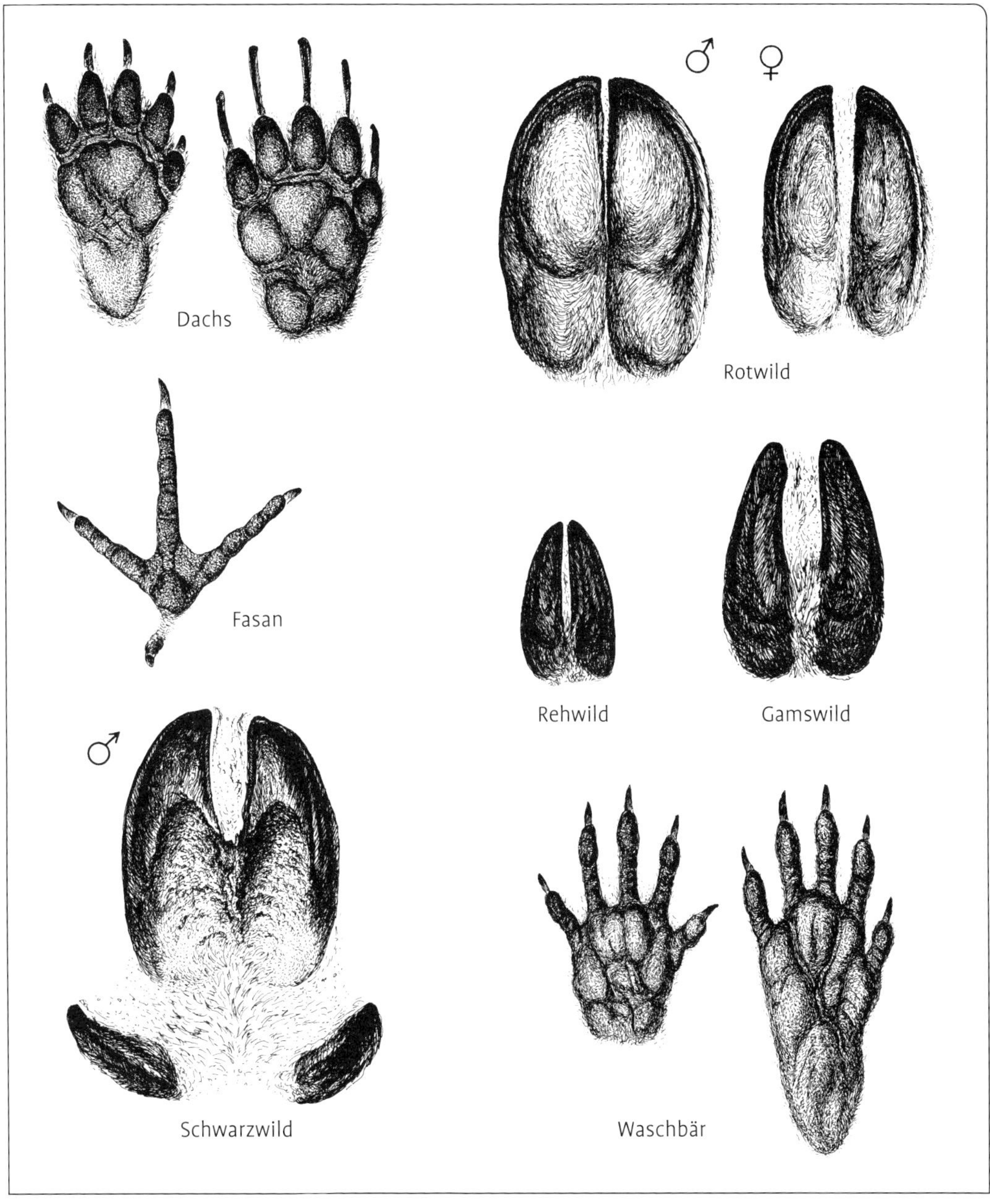

Ablaufschemata Länderregelungen

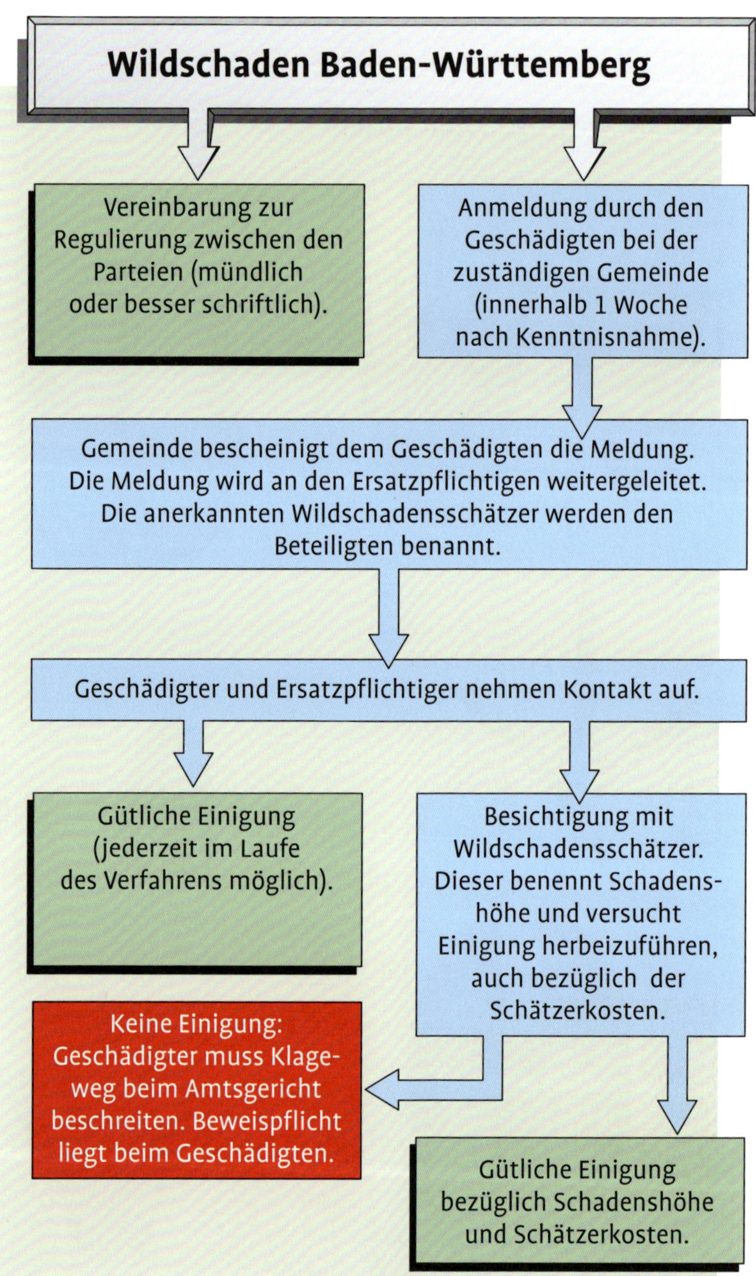

Ablaufschema Wildschadensregulierung Baden-Württemberg

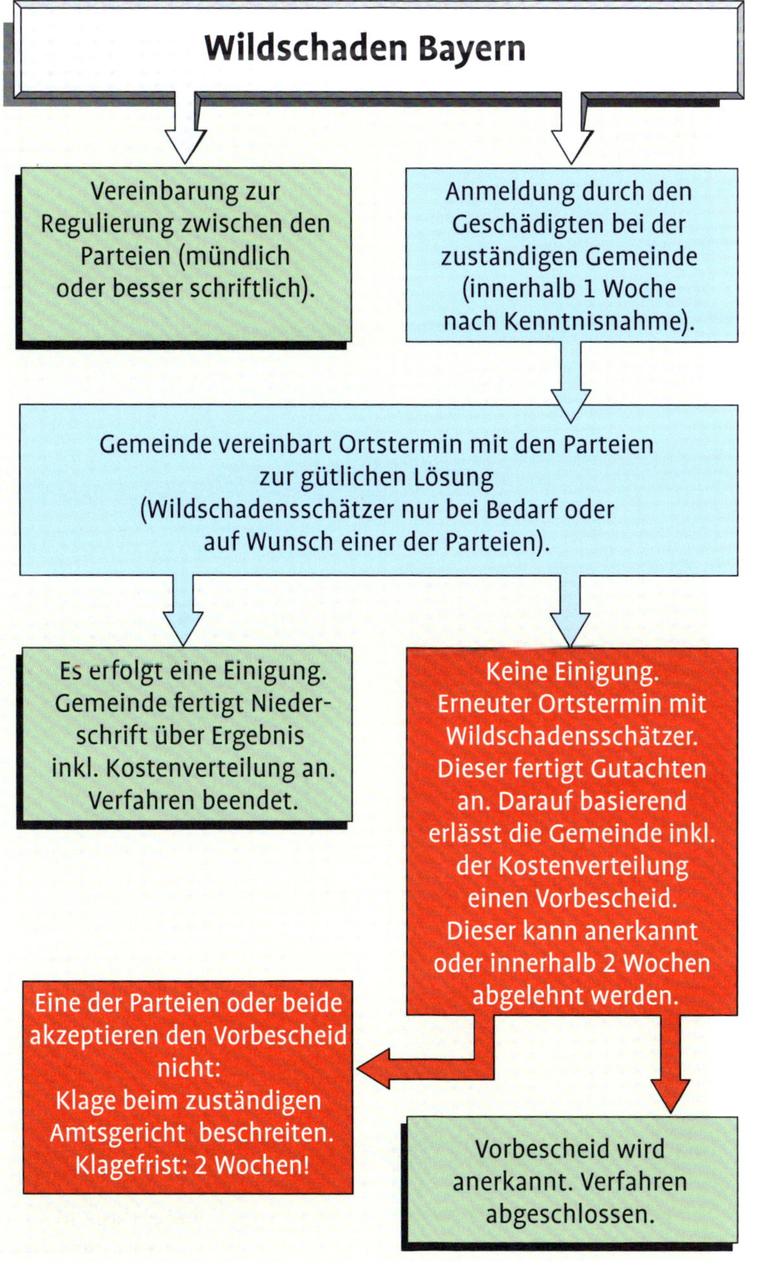

Ablaufschema Wildschadensregulierung Bayern

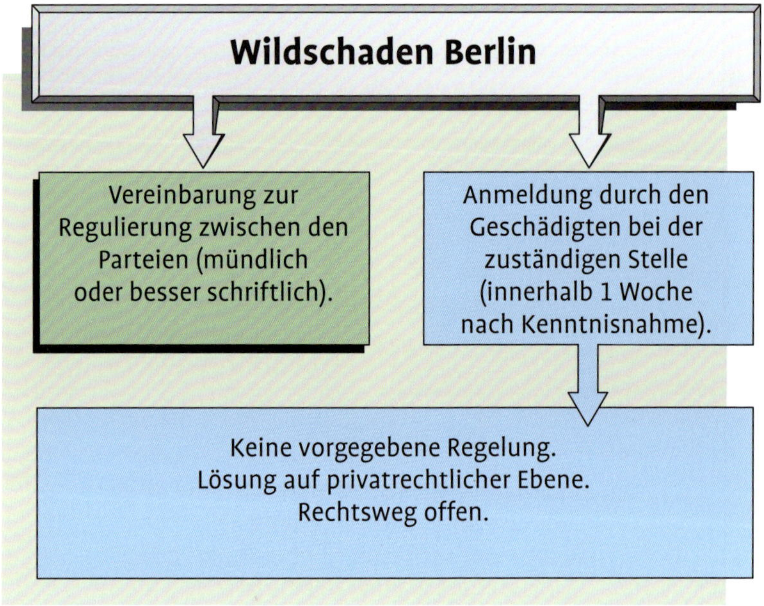

Wildschaden Berlin

Vereinbarung zur Regulierung zwischen den Parteien (mündlich oder besser schriftlich).

Anmeldung durch den Geschädigten bei der zuständigen Stelle (innerhalb 1 Woche nach Kenntnisnahme).

Keine vorgegebene Regelung.
Lösung auf privatrechtlicher Ebene.
Rechtsweg offen.

Ablaufschema Wildschadensregulierung Berlin

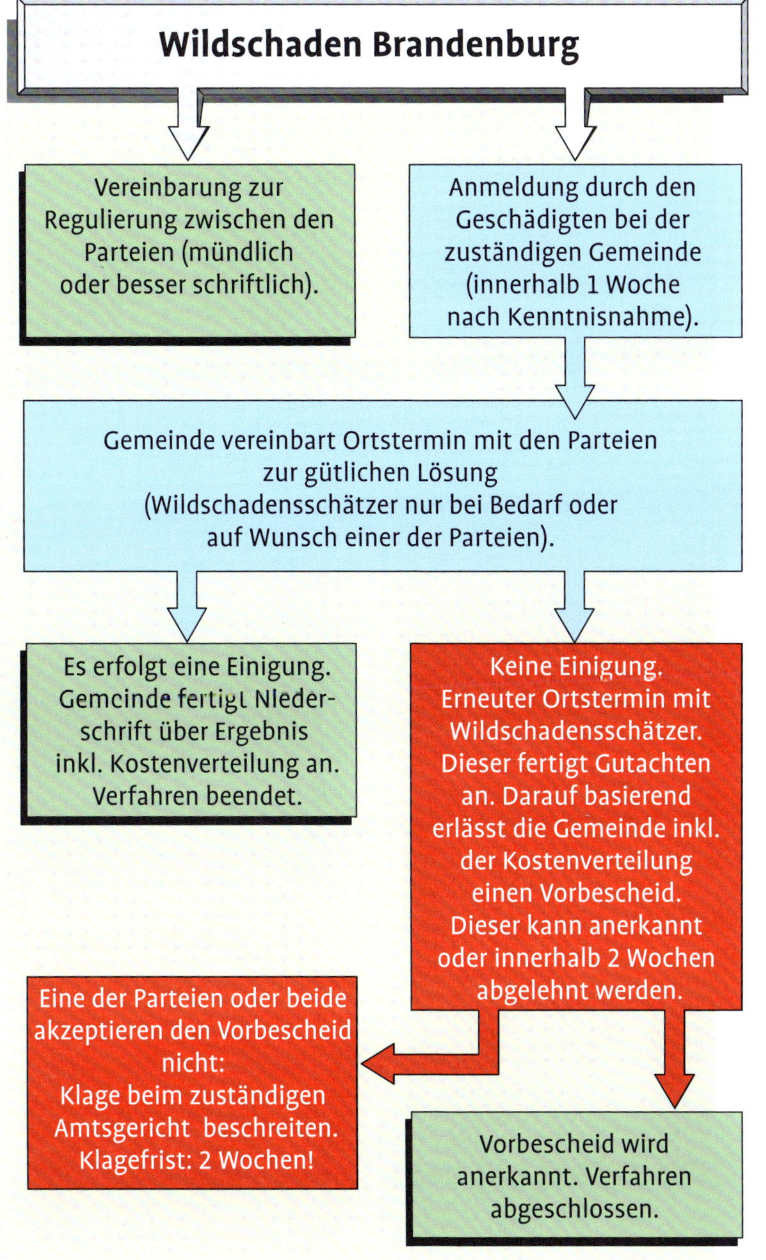

Ablaufschema Wildschadensregulierung Brandenburg

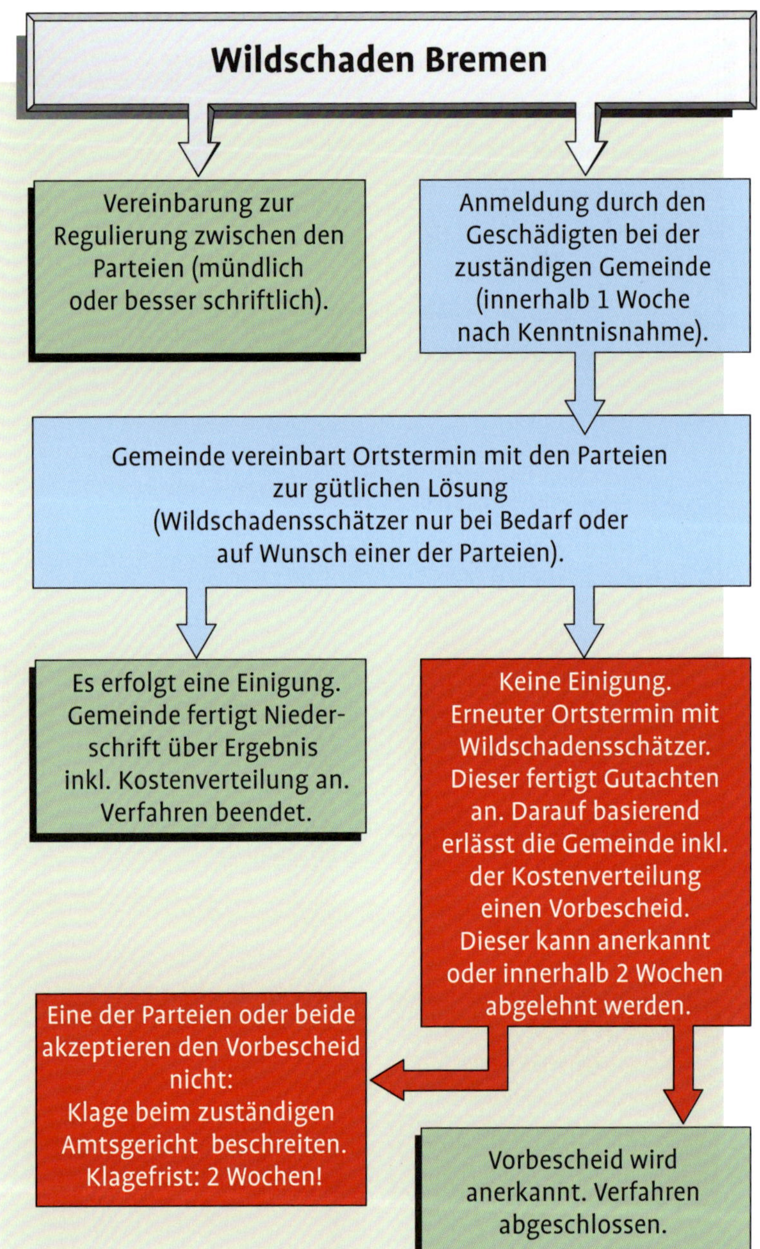

Ablaufschema Wildschadensregulierung Bremen

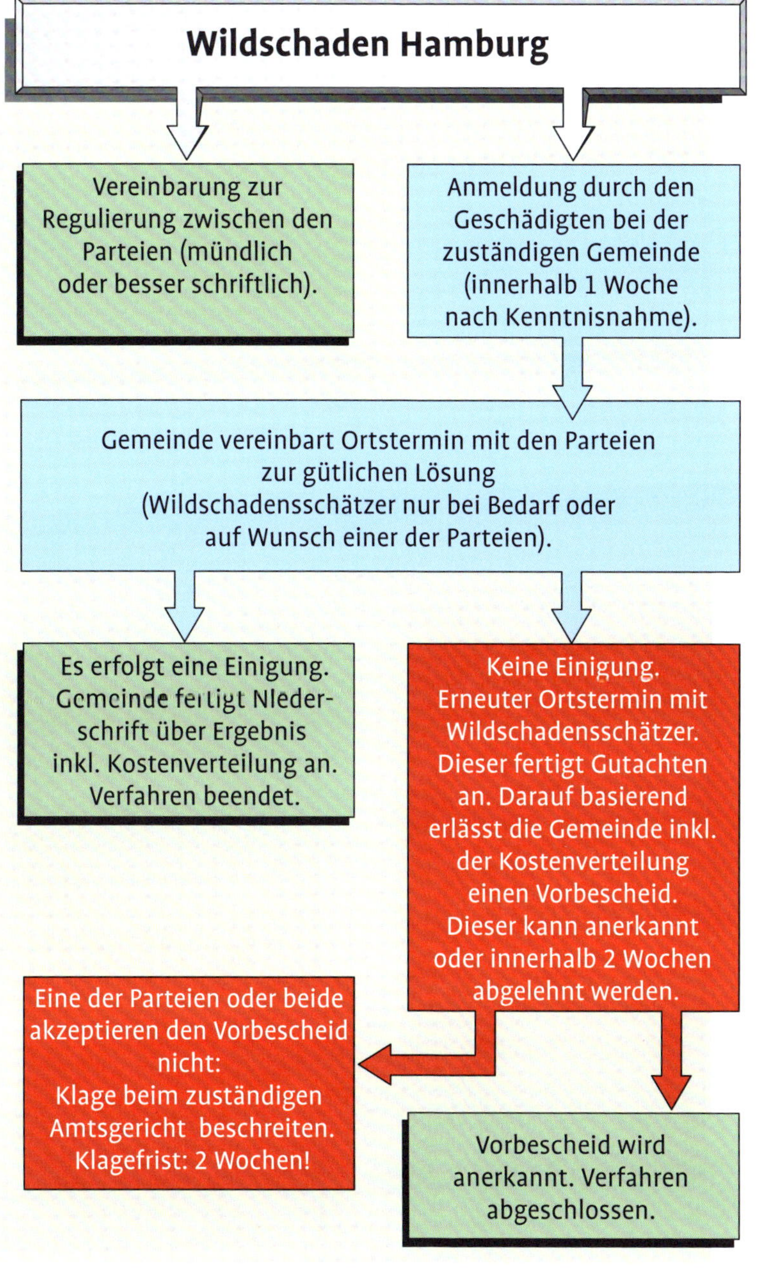

Ablaufschema Wildschadensregulierung Hamburg

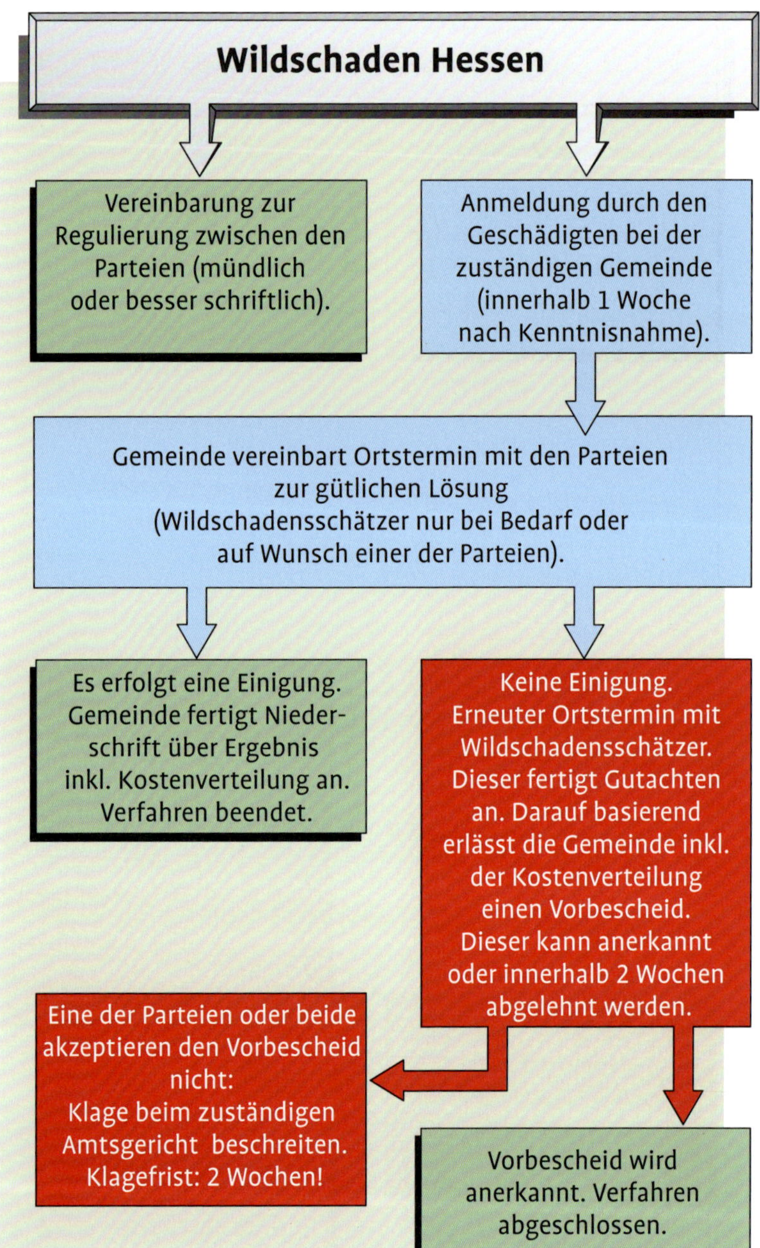

Ablaufschema Wildschadensregulierung Hessen

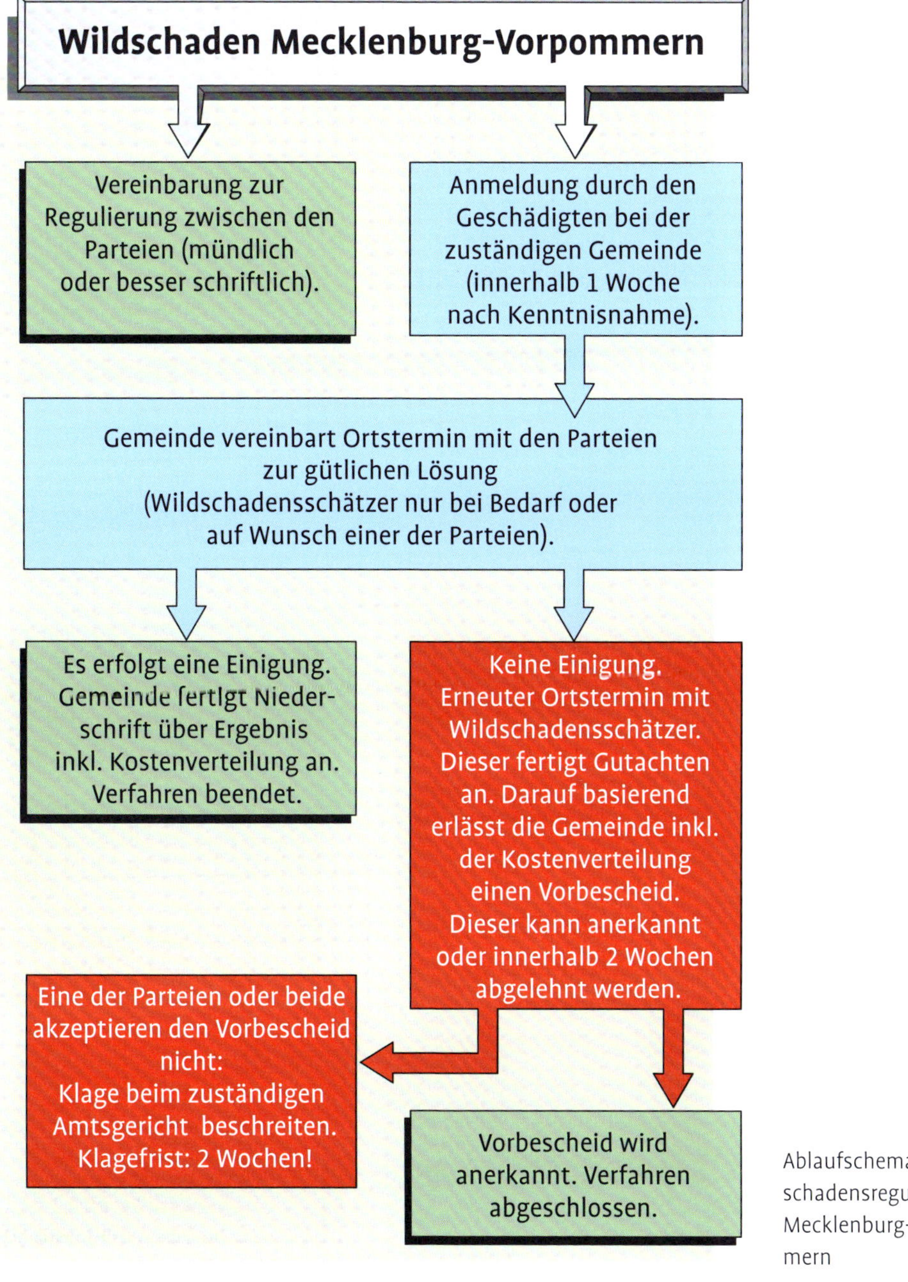

Ablaufschema Wildschadensregulierung Mecklenburg-Vorpommern

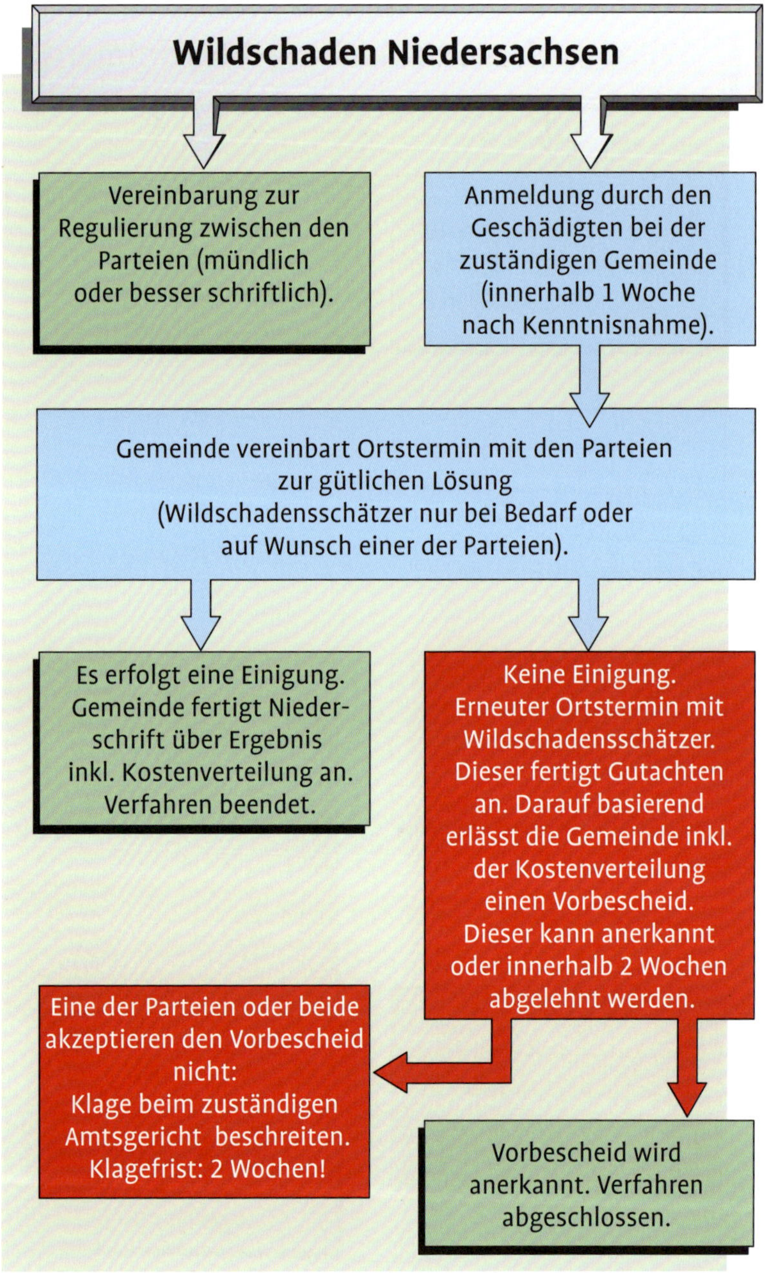

Wildschaden Niedersachsen

Vereinbarung zur Regulierung zwischen den Parteien (mündlich oder besser schriftlich).

Anmeldung durch den Geschädigten bei der zuständigen Gemeinde (innerhalb 1 Woche nach Kenntnisnahme).

Gemeinde vereinbart Ortstermin mit den Parteien zur gütlichen Lösung (Wildschadensschätzer nur bei Bedarf oder auf Wunsch einer der Parteien).

Es erfolgt eine Einigung. Gemeinde fertigt Niederschrift über Ergebnis inkl. Kostenverteilung an. Verfahren beendet.

Keine Einigung. Erneuter Ortstermin mit Wildschadensschätzer. Dieser fertigt Gutachten an. Darauf basierend erlässt die Gemeinde inkl. der Kostenverteilung einen Vorbescheid. Dieser kann anerkannt oder innerhalb 2 Wochen abgelehnt werden.

Eine der Parteien oder beide akzeptieren den Vorbescheid nicht: Klage beim zuständigen Amtsgericht beschreiten. Klagefrist: 2 Wochen!

Vorbescheid wird anerkannt. Verfahren abgeschlossen.

Ablaufschema Wildschadensregulierung Niedersachsen

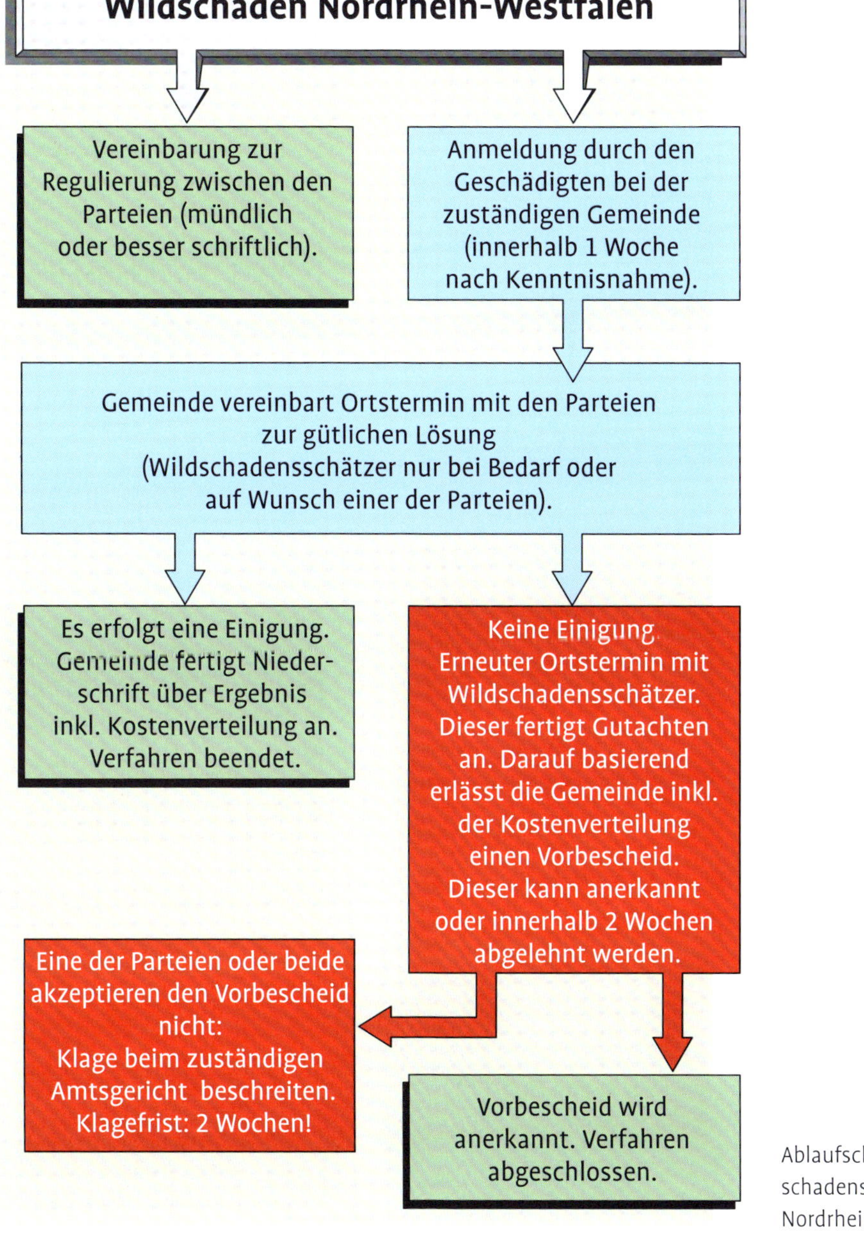

Ablaufschema Wildschadensregulierung Nordrhein-Westfalen

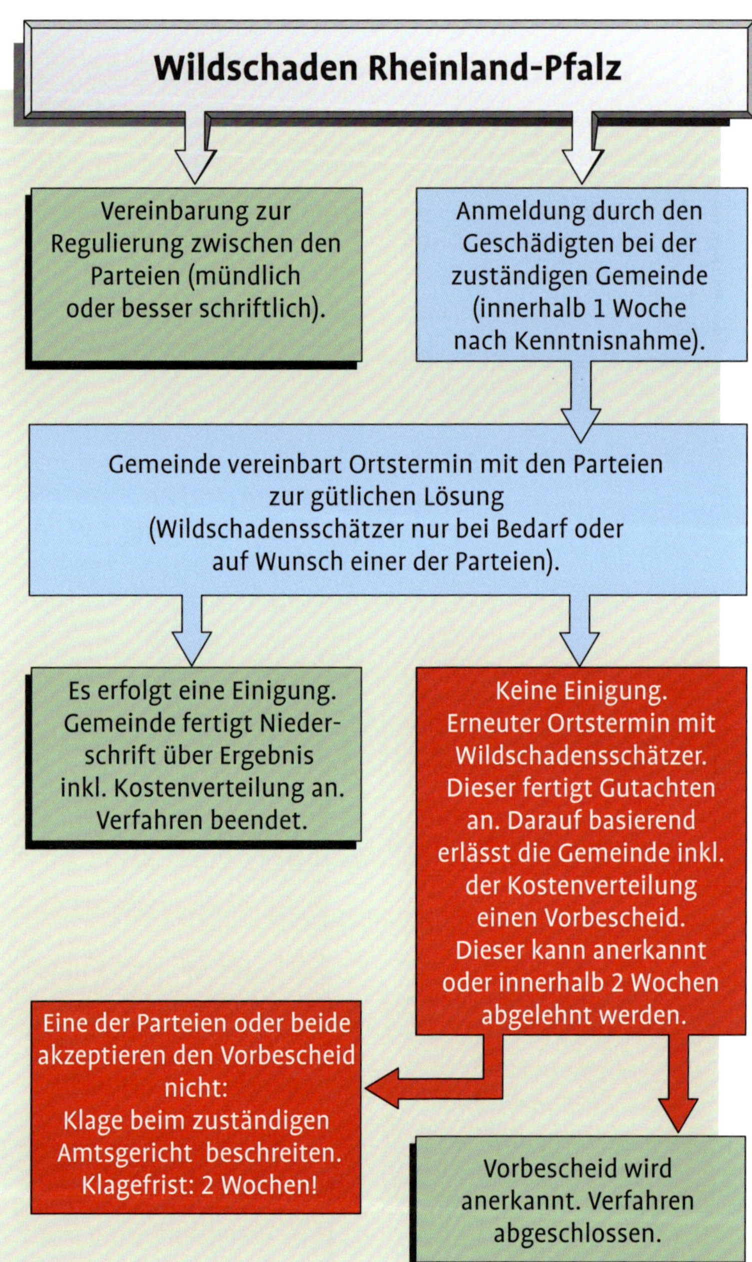

Ablaufschema Wildschadensregulierung Rheinland-Pfalz

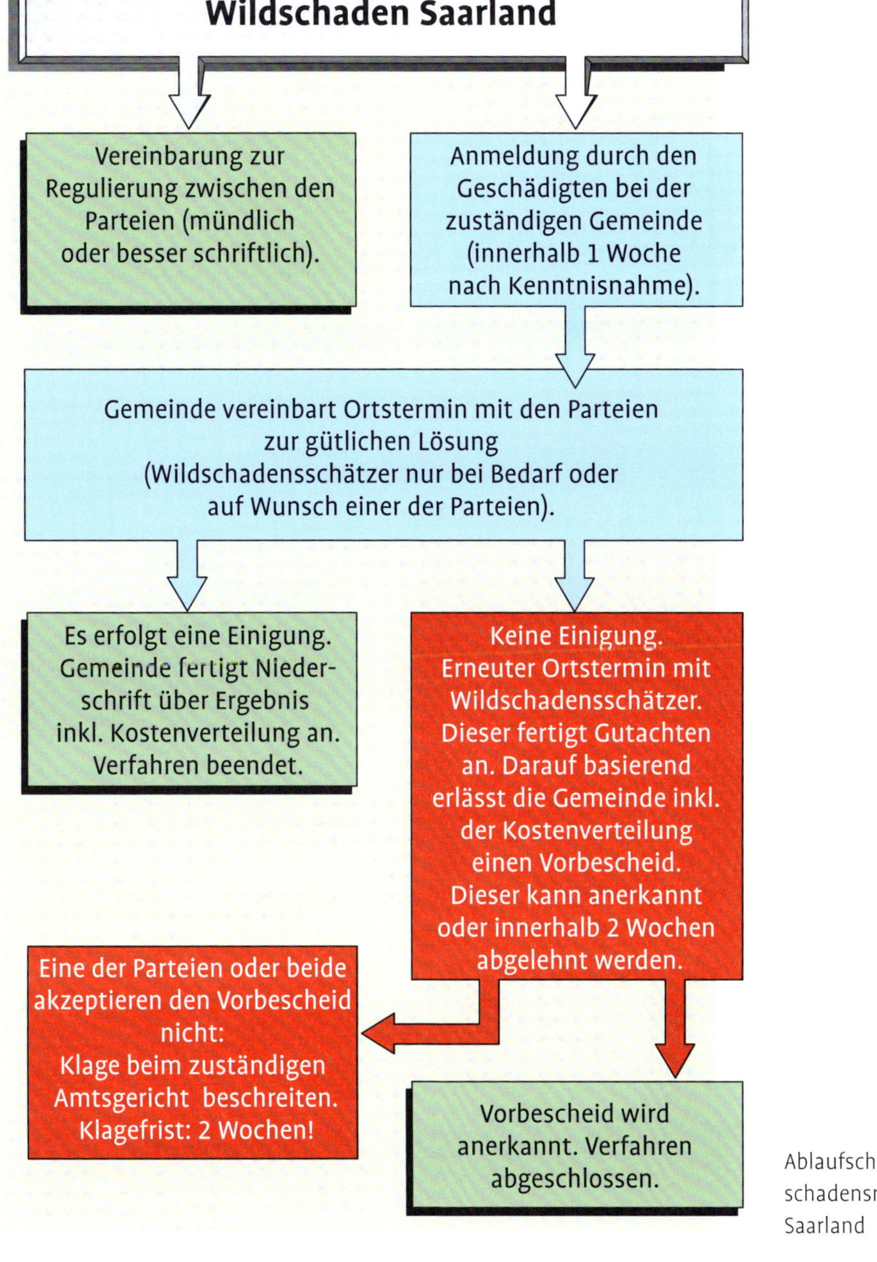

Ablaufschema Wildschadensregulierung Saarland

Ablaufschema Wildschadensregulierung Sachsen

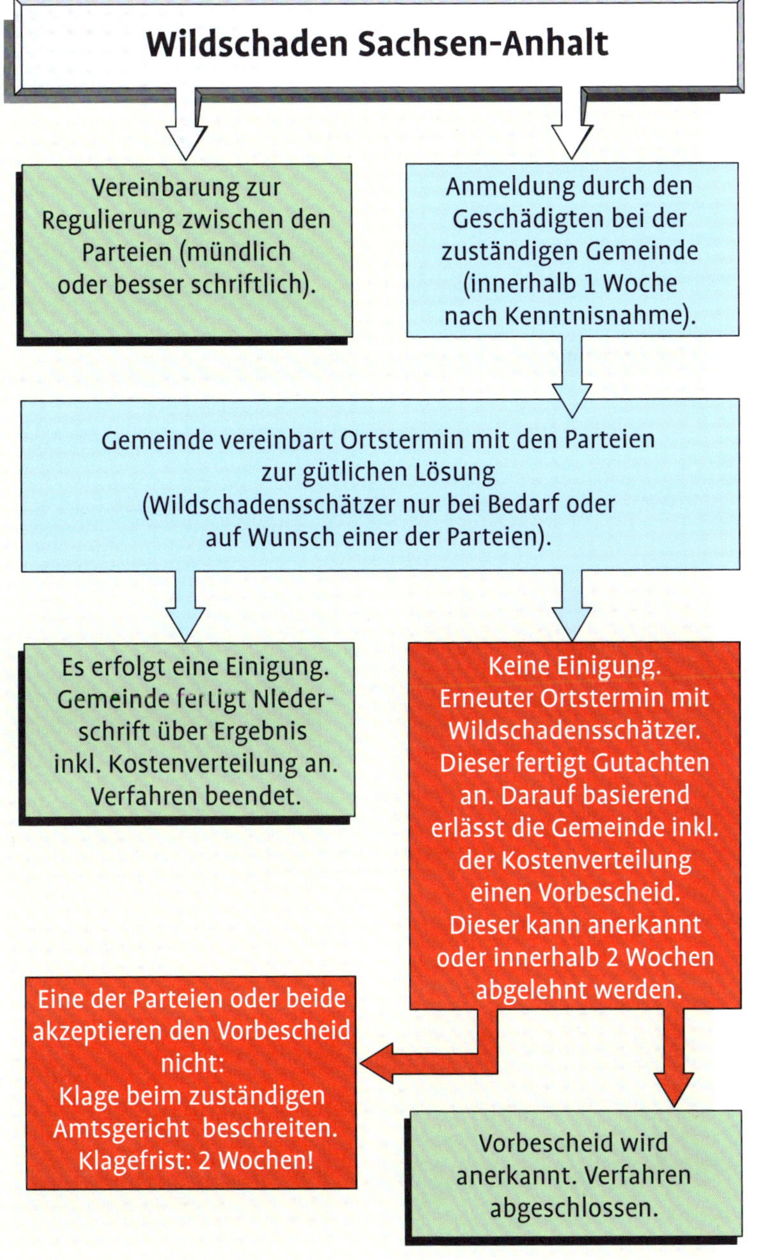

Ablaufschema Wildschadensregulierung Sachsen-Anhalt

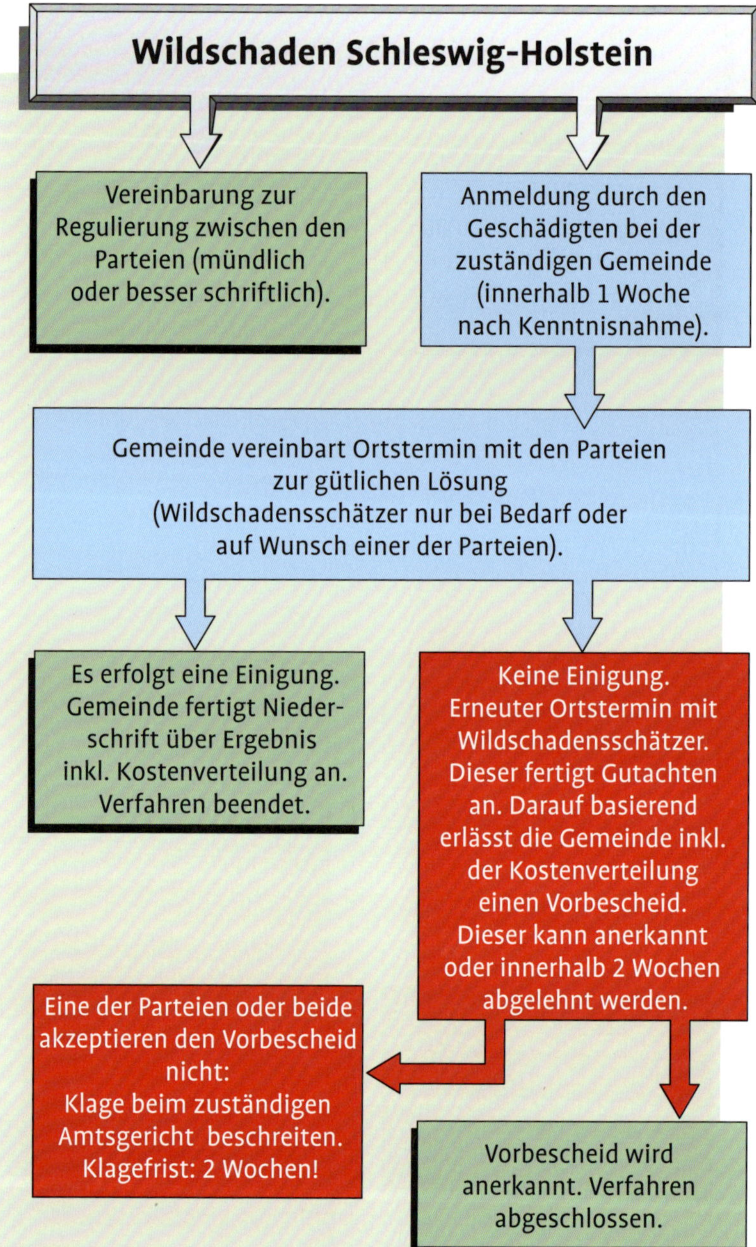

Ablaufschema Wildschadensregulierung Schleswig-Holstein

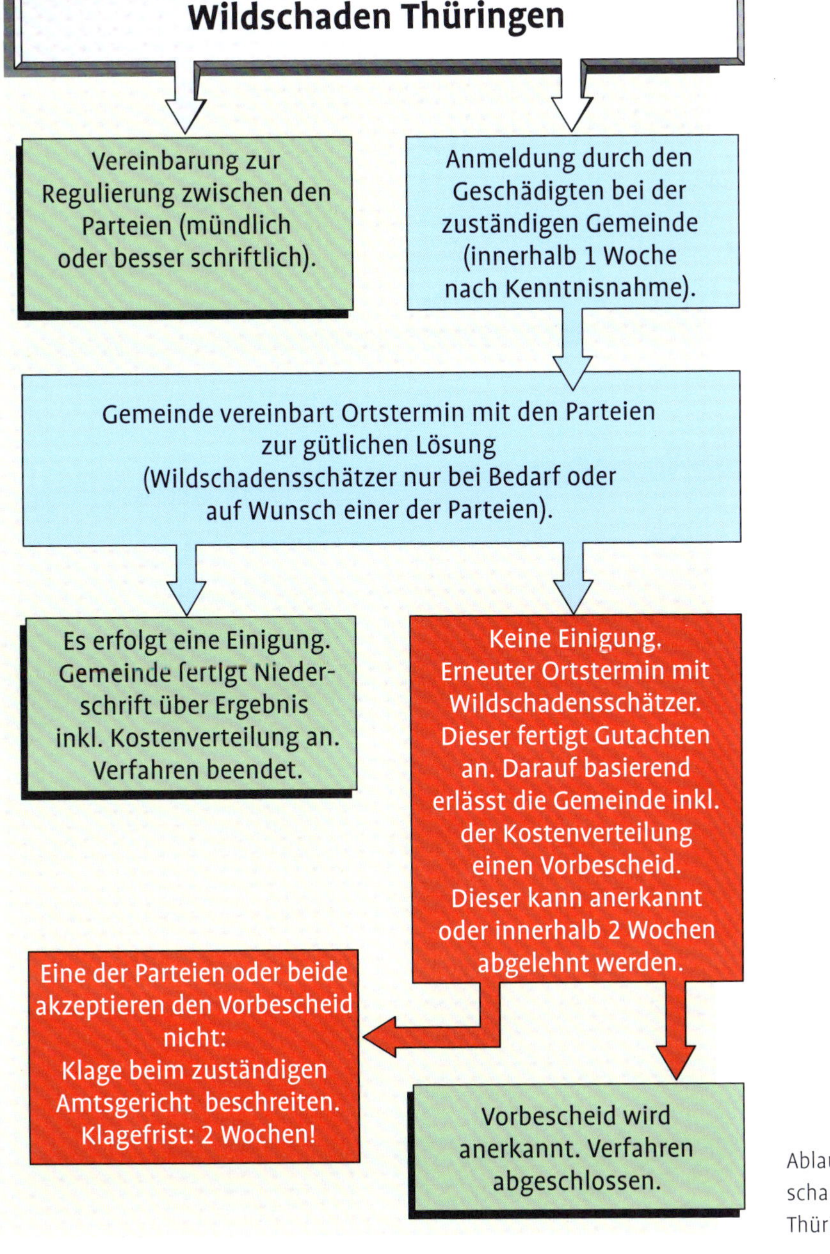

Ablaufschema Wildschadensregulierung Thüringen

Wichtige Adressen

Ansprechpartner und professionelle Sachverständige können Sie beim *Deutschen Jagdverband*, beim *Deutschen Bauernverband* und bei *Landwirtschaftlichen Maschinenringen* auf Bundes-, Landes- und Kreisebene finden.

Deutscher Jagdverband e. V. (DJV)
Vereinigung der deutschen Landesjagdverbände für den Schutz von Wild, Jagd und Natur
Chausseestr. 37
10115 Berlin
Tel.: 030/ 209 1394 0
E-Mail: djv@jagdverband.de

Deutscher Bauernverband e.V.
Claire-Waldoff-Straße 7
10117 Berlin
Tel.: 030 / 31 904 - 0
Email: presse@bauernverband.net

Bildquellen

agrarfoto.com: S. 86 links
Baumeister, Werner: S. 81 rechts oben; S. 81 links unten; S. 82 links; S. 102 oben; S. 102 unten
LWG Veithöchheim: S. 94 unten
Mauritius images: Umschlagfoto; S. 5; S. 6; S. 81 links oben; S. 81 links unten; S. 82 rechts; S. 85 links; S. 86 rechts; S. 88 links; S. 88 rechts; S. 89 links; S. 89 rechts; S. 90 links; S. 91; S. 92 links; S. 92 rechts; S. 93; S. 94 oben; S. 95 oben; S. 95 unten; S. 96 rechts; S. 98; S. 99; S. 101 unten, S. 103 oben
Müller; Dr. Franz: S. 115
imago / blickwinkel: S. 96 links
imago / Rust: S. 97
JuneJ / shutterstock.com: S. 101 oben
Wikipedia/GNU Free Documentation Licence: S. 105
Zoonar/ Thomas Jentzsch: S. 85 rechts
Zoonar/ Antje Lindert-Rottke: S. 90 rechts
Alle anderen Bilder stammen vom Autor.

Register

Der Autor

Roland Wilhelm Vollmer betreibt seinen landwirtschaftlichen Betrieb mit den Schwerpunkten Weinbau mit Selbstvermarktung, Obstbau, Brennerei und Gastronomie. Er ist öffentlich bestellter und vereidigter Sachverständiger für Wein- und Obstbau und Bewertung und Schätzung unbebauter landwirtschaftlicher Grundstücke beim Regierungspräsidium Stuttgart, außerdem Mitglied im *Hauptverband der landwirtschaftlichen Buchstellen und Sachverständigen e. V. (HLBS)* und öffentlich bestellt und vereidigt für Versteigerungen von landwirtschaftlichen Gebäuden und Grundstücken, landwirtschaftlichen Geräten, Maschinen sowie Erzeugnissen und Vorräten. Auch führt er Schulungen zum Sachkundenachweis im Pflanzenschutz durch.
Als Jäger mit eigenem Jagdrevier und als öffentlich bestellter Schätzer für Wild- und Jagdschäden hält er regelmäßig Schulungen und Vorträge zum Thema Wildschäden.

Die in diesem Buch enthaltenen Empfehlungen und Angaben sind vom Autor mit größter Sorgfalt zusammengestellt und geprüft worden. Eine Garantie für die Richtigkeit der Angaben kann aber nicht gegeben werden. Autor und Verlag übernehmen keinerlei Haftung für Schäden und Unfälle.

Bibliografische Information der Deutschen Nationalbibliothek
Die Deutsche Nationalbibliothek verzeichnet diese Publikation in der Deutschen Nationalbibliografie; detaillierte bibliografische Daten sind im Internet über http://dnb.d-nb.de abrufbar.

Wollgrasweg 41, 70599 Stuttgart (Hohenheim)
E-Mail: info@ulmer.de
Internet: www.ulmer-verlag.de
Lektorat: Werner Baumeister, Anna Häusler
Herstellung: Martina Weber
Umschlagentwurf: Verlag Eugen Ulmer
Satz: pagina GmbH, Tübingen
Druck und Bindung: Friedrich Pustet, Regensburg
Printed in Germany

ISBN 978-3-8001-0333-1